JN335957

緑なす樹々の輝き

池田大作

緑よ　君は「生命」の色
君とともに　万物は生色を蘇らせる
緑よ　君は「希望」の色
君とともに　子らの歌声はこだまする
緑よ　君は「調和」の色
君のもとに　世界市民は会し
君に祝福されながら
人々は　自然とほおずりを交わす

◇

地に一木あれば
鳥は軽やかに歌い　虫は憩う
あまたの生命を慈しみ
調和のハーモニーを奏でゆく
いわんや
我が地球に響く
生命交響曲の素晴らしさ！

◇

人類の「未来の栄え」もまた
人間が自らを「大樹」とするか否か
この一点にかかっている

池田SGI会長撮影

希望の扉の鍵は
一人一人の心の中にある

（尊敬するチアゴ・デ・メロ氏に贈る「緑なす樹々の輝き」より抜粋）

マータイ博士

「今、私がぜひ手がけたいことは、『学習センター』の設立です。小・中学校、高校から、環境のことを系統的に学習できるような環境教育を始めるべきだと思うのです」

Wangari Maathai

ワンガリ・マータイ

SGI会長

「まったく正しい、素晴らしいお考えです！　教育こそ、人類が抱える問題を解決する根本の道です。だからこそ、私も教育を最後の事業と決め、全力をあげているのです」

●ケニアの環境副大臣／NGO「グリーンベルト運動」を設立し、アフリカの農村女性の手による植樹活動を推進。2004年にはノーベル平和賞を受賞

Wangari Maathai

SGI会長

「人間が自然を征服し、さらに破壊へと進むにつれて、自然界の根本的な一定のリズムが狂い始め、そこから、いわば痛めつけられた自然が人間に対して反逆をはじめたといってよいでしょう」

Arnold J. Toynbee

アーノルド・トインビー

トインビー博士

「もし人類が自滅を回避しようとするのなら、いまこそ自らが生み出した汚染を一掃し、もうこれ以上発生させないようにしなければなりません。私は、これは世界的な規模での協力によってのみできることだと信じています」

●20世紀最大の歴史学者／オックスフォード大学・ロンドン大学教授、王立国際問題研究所理事などを歴任／代表作に『歴史の研究』（全25巻）がある

Arnold J. Toynbee

Hazel Henderson

ヘイゼル・ヘンダーソン

ヘンダーソン博士

「どこであれ、自分にも関わることのできる問題が、必ず周りにあるはずです。“地球規模で考えながら自分の地域で行動する”ということは、実際に可能なのです」

SGI会長

「親が何事にも前向きに、社会に対しても、地域に対しても『開かれた心』で創造的な生き方をしていけば、それはそのまま、子どもたちの生命にも刻まれていくはずです。そうした日常の振る舞いが、家庭教育の何よりの栄養分となるはずです」

●ウスター工科大学名誉博士／主婦の連帯による草の根の市民運動のリーダー／世界各地で「持続可能な開発」のためのコンサルタントを務める

Hazel
Henderson

ゴルバチョフ元大統領

「今後、私どもが共に行動していくべきもう一つの分野は環境問題です。この世界を守るために、私どもは『地球憲章』の採択への運動を進めていきたいのです」

SGI会長

「優先すべきは全人類の利益です。
ゆえに私は人類的視野で働く人を
大切にします」

Mikhail Gorbachev

ミハイル.S.ゴルバチョフ

●ソビエト連邦初代大統領／グリーンクロス・インターナショナル初代会長／ノーベル平和賞受賞

Mikhail Gorbachev

Monkombu.S. Swaminathan

モンコンブ.S.スワミナサン

スワミナサン博士

「環境教育で第一に大切なことは、『非暴力を教えること』です」

SGI会長

「私も、そこに環境教育の急所があると考えています。環境への暴力が、やがて人間に跳ね返ってくることを、私たちは青年や子どもたちに、教えていくべきです」

●パグウォッシュ会議議長／1970年代より、インドにおいて環境保全と貧困克服のための農業・農村改革運動「永続的な緑の革命」を推進

Monkombu.S. Swaminathan

Austregesilo de Athayde

アウストレジェジロ・デ・アタイデ

アタイデ総裁

「“人間こそが大切である”——これが私の変わらざる信念です。環境問題においても同じです。人間がどうあるべきか、です。人間は地球の主体者としての責任、自覚がなければなりません」

SGI会長

「地球環境の問題は、影響性の広範さからいって、最大の“人類的課題”といえましょう」

●前ブラジル文学アカデミー総裁／正義と行動のジャーナリスト／第３回国連総会にブラジル代表として参加し、「世界人権宣言」の作成に尽力

Austregesilo de Athayde

SGI会長

「人類は他の生物との共存共栄を図りながら、永続的な幸福生活を営んでいくことを目標としなければなりません」

Aurelio. Peccei
アウレリオ・ペッチェイ

ペッチェイ博士

「われわれは人間革命を推進すべく、力の及ぶ限り、あらゆる手を尽くさなければなりません——手遅れにならないうちに」

●ヨーロッパの行動的知性として活躍した経済学者／1970年に人類生存のためのシンクタンク「ローマクラブ」を創設し、初代会長を務めた

Aurelio. Peccei

ドゥ教授

「大同思想を貫く『調和』『創造』の精神は、何よりも『共生のエートス』を促していくものなのです」

Tu Weiming

ドゥ・ウェイミン（杜維明）

SGI会長

「21世紀の中国から、地球市民社会にふさわしい『共生』と『調和』の新しい精神文化が築かれていくことを、私は期待しております」

●ハーバード大学中国歴史哲学科教授／ハーバード大学イェンチン（燕京）研究所所長

Tu Weiming

Joseph Rotblat ジョセフ・ロートブラット

ロートブラット博士

「私は民衆が、社会に影響を与える力を持っていると信じています。どんな人にも、社会を変えていく波紋を生み出す力があるのです」

●核兵器廃絶を求める平和と人道の科学者の団体「パグウォッシュ会議」の初代議長／1995年にノーベル平和賞を受賞

Richardo.D iez=Hochleitner リカルド.D.ホフライトネル

ホフライトネル博士

「『明日では遅すぎる。今日、何かしなければ』という危機感に突き動かされて、働いています」

●ローマクラブ名誉会長／化学産業の発展に寄与し、ユネスコ理事、スペイン教育科学相、世界銀行教育投資部初代部長などの要職を歴任

ガルブレイス博士

「文明社会にとって、最も大切なものは何か。それは他の人々、そして、人類全体に対して、深い思いやりを持つ人間の存在です」

●20世紀を代表する経済学者／ハーバード大学名誉教授／アメリカ経済学会会長やケネディ政権の政策ブレーンなどを務める

John Kenneth
Galbraith
ジョン.K.ガルブレイス

ボスコ元会長

「すべての文化的変革は、個人つまり人間の内側から始まる‥‥これは、ガンジーやマーティン・ルーサー・キング・ジュニア、初期の環境保護論の擁護者たちが、ソローから学んだ教訓です」

Ronald
Bosco
ロナルド.ボスコ

●アメリカ・ソロー協会元会長／ニューヨーク州立大学アルバニー校教授

セレブロフ博士

「宇宙から地球を見て、一番ショックを受けたのは、環境破壊が進んでいることです。目を覆いたくなるような地球の深い傷跡を、数多く見てきました」

Aleksandr.A. Serebrov
アレクサンドル・セレブロフ

SGI会長

「戦争こそ、最大の環境破壊をもたらす蛮行です。地球の環境まで破壊する戦争に、勝者などありえない。かけがえのない母なる地球を傷つけ合う愚行は、断じて食い止めねばなりません」

●元ロシア宇宙飛行士／物理学博士／4度の宇宙飛行を経験し、宇宙ステーションでの通算滞在時間は373日。宇宙船外活動10回という世界記録を持つ

Aleksandr.A. Serebrov

共生の世紀へ

環境教育への挑戦

創価学会教育本部 編

扉・装画　冨田聡

発刊に寄せて

よく知られるようにアマゾンは〝人類の母なる川〟だと言われます。生命をはぐくむ母親のように、アマゾン川の流域に広がる大森林は、地球を潤《うるお》す〝生命の泉〟なのです。そのアマゾンの先住民の間に天も地も鳥も人間もすべてが関連し、一体となって呼吸しているという世界観が伝承《でんしょう》されているそうです。森羅万象《しんらばんしょう》のすべては〝縁によって起こる〟と説く仏法の縁起観《えんぎかん》にも通じますが、20世紀を代表する思想家の一人であるスペインのオルテガ・イ・ガセットは、こう述べています。「私は、私と私の環境である。そしてもしこの環境を救わないなら、私をも救えない」(『ドン・キホーテに関する思索』A・マタイス、佐々木孝共訳、現代思潮社刊)――と。

本年(2007年)4月、ベルギーのブリュッセルで開かれた国連の「気候変動に関する政府間パネル(IPCC)」がまとめた報告書によれば、温暖化《おんだんか》の影響で2050年代には気温が1.0～3.0度程度上昇し、最大30％の生物の絶滅《ぜつめつ》の危険性が高まると予測されています（朝日新聞2007年4月7日・30日付朝刊）。この気候変動による「地球温暖化《おんだんか》」との戦いは、いわば何世代も続く世界大戦だとの声もありますが、地球は今、危機《きき》に直面しています。この地球環境の危機が救えなければ、私たち人類の未来もないのです。

人間としてのモラル、民衆レベルにおける環境意識の啓発が、危機に瀕《ひん》する地球にとって喫緊《きつきん》の課題です。その際、最も身近で、最も不可欠なのは「他人の不幸の上に、自分の幸福を築くことはしない」という池田SGI会長から学んだ倫理観《りんかん》に立つことではないでしょうか。それはそのまま「人類の繁栄《はんえい》のために自然や環境を犠牲《ぎせい》にしない」という自然観、世界観を持つことに通じています。

創価学会は、その点、創立以来、より積極的な人間観・世界観に立って、一貫して「自他共の幸福」「万物《ばんぶつ》の共生」「人間と自然、環境との共生」を願い、行動してきました。人間と環境との関係について、仏法では「依正不二《えしょうふに》」ととらえています。簡潔《かんけつ》に言えば、「依正不二」とは、「依報《えほう》」と「正報《しょうほう》」とが不可分の一体を成しているということです。「正報」とは生命主体であり、「依報」とは生命体を形成し、その活動を助ける環境世界を指しています。生命主体とその環境とは、本来、一体なのであり、相互に関連し合っているのです。

自然、環境も含《ふく》めた総体を「生命」と見ていく民衆レベルの意識の変革が基盤となって、「生命の世紀」「生命尊厳《そんげん》の共生の世界」を創出《そうしゅつ》することこそ、現代に何よりも求められる行動です。創価学会は、そのための活動を世界に広げ、未来を拓《ひら》く青少年の育成に全魂《ぜんこん》を込めて取り組んできました。また、私たち教育本部のメンバーも、生命の尊さを我が生命に刻《きざ》み、自然との共生を志向《しこう》しゆく「世界市民」を育む「人間教育」「環境教育」のネットワークを張り巡《めぐ》らせてきました。

このような基本的な考えと実践を踏まえて「共生の世紀」へ世界市民を育成する人間教育に取り組む私たちの願いと実践をまとめたのが本書です。巻頭に池田SGI会長とマータイ博士の対談などを紹介したカラー口絵を配した後、全体を

3つの章から構成しています。

第1章「万物共生の地球社会をめざして」では、本書を貫《つらぬ》く基本的な理念、行動の指針を世界に訴《うった》えた池田SGI会長の環境に対する提言を取り上げています。

例えば、2002年（平成14年）8月、南アフリカのヨハネスブルクで開かれた「持続可能な開発に関する世界首脳会議」に寄せた「地球革命への挑戦――持続可能な未来のための教育」は、関係者の間で大きな反響《はんきょう》を呼びました。

池田SGI会長は、常に仏法の生命観、人間観、自然観、さらには牧口常三郎初代会長の『人生地理学』に代表される先駆的な生態学的発想や、戸田城聖第二代会長が主張してやまなかった民衆の「生存の権利」「地球民族主義」等を踏まえながら、現代と未来をいかに万物《ばんぶつ》共生の時代としていくかに心を砕《くだ》き、発言し行動を重《かさ》ねてこられました。ここに紹介したものはその一端ですが、読者の皆さんが「共生の世紀」を考える上での示唆《しさ》になるにちがいありません。

第2章では、「共生の世紀へ――環境教育を通して世界市民の育成を」をテーマにした座談会を、第3章「生命の連関性《れんかんせい》を知る『世界市民』の林立《りんりつ》を」では、環境教育の実践事例を紹介しています。

古来、菩提樹《ぼだいじゅ》は何ものにも負けない「勇気」と「知恵」、そして「慈悲《じひ》」を象徴《しょうちょう》する木であると言われます。生命輝く緑豊かな地球を未来の世代に残すために、「勇気」と「知恵」と「慈悲」をもって、「世界市民」を育てる人間教育、環境教育のネットワークを広げていきたいと、心を新たにしています。ともに、本書が、教育者の皆さんはもとより、環境保全《ほぜん》への取り組みに関心を持たれる方々への一助になれば幸いです。あわせて、本書の出版を引き受けてくださった鳳書院の関係者の方々に心より御礼申し上げます。

２００７年８月12日「教育原点の日」

創価学会教育本部『共生の世紀へ――環境教育への挑戦』刊行委員会

Contents

共生の世紀へ――環境教育への挑戦　目次

第3章　環境教育実践事例
——生命の連関性を知る「世界市民」の林立を

装幀＋口絵デザイン　高坂　智子
本文デザイン＋イラスト　hosoyo
編集ディレクション　朝川　桂子
撮影（2章）　世利　隆之
写真提供　聖教新聞社

凡例

一、池田SGI会長の長編詩・提言・スピーチ等については、著作「池田大作全集」および聖教新聞、大白蓮華等に掲載されたものの中から抜粋し、収録したものです。

一、仏教用語の読み方については「仏教哲学大辞典」（第三版）を参考にしました。

第1章

池田ＳＧＩ会長の提言

——万物共生の地球社会をめざして

イギリス「開発教育ジャーナル」への寄稿

国連「持続可能な開発のための教育の十年」に寄せて

2005.1

「持続《じぞく》可能な開発のための教育の十年」が、いよいよ二〇〇五年からスタートします。この十年は、人類を「持続可能な未来」の道へと方向づける前進のチャンスであり、逃《のが》してはならない重要な機会であります。

「持続可能な開発」とは、未来の世代を犠牲《ぎせい》にすることなく現在の必要を満《み》たしていくことであると定義されています。

今、人類の四分の一以上の人々を苦しめている慢性的貧困《まんせいてきひんこん》をはじめ、飢餓《きが》、紛《ふん》争《そう》、人権抑圧《よくあつ》、環境汚染《おせん》、生態系《せいたいけい》の破壊《はかい》など、人間の尊厳《そんげん》と生存《せいぞん》を脅《おびや》かし、人類の未来を蝕《むしば》んでいる「地球的問題群」が、私たちの眼前《がんぜん》に立ちはだかっています。

「21世紀環境展」は国連「持続可能な開発のための教育の10年」を支援する展示。2006年から国内各地で開催されている

そして、それらの問題群は単独《たんどく》で起こっているのではなく、互いに連動《れんどう》し合い、問題をより深刻化《しんこくか》させております。

二〇〇四年のUNEP(国連環境計画)の報告では、将来、気候変動《へんどう》によって、洪水《こうずい》や旱魃《かんばつ》が増大し、その結果、人口の大移動が起こり、国は脆弱化《ぜいじゃくか》し、貧困《ひんこん》がさらに拡大・悪化《あっか》する危険性があると指摘しています。

事態をこのまま放置して、地球生態系の破壊や、その他の社会的な不安定要因《よういん》が互いの問題を加速度的《かそくどてき》に悪化させ、取り返しのつかない事態を招く前に、地球社会全体を「持続《じぞく》可能な開発」という方向に導《みちび》くことが焦眉《しょうび》の課題となっています。

未来を開くカギは　人間の内なる変革

「教育の十年」を中心になって進めるユネスコ（国連教育科学文化機関）が策定《さくてい》したビジョンには「世界中の人々がポジティブな社会変革と持続可能な未来を実現するための価値観、行動、生き方を学ぶ教育の機会」の必要性が示されています。

そして、その具体的な内容として、国際的な実施計画の中で、環境教育、平和教育、人権教育、開発教育などが網羅《もうら》されていることが注目されます。

「持続可能な開発のための教育」がもつ、こうした極《きわ》めて包括的《ほうかつてき》な視点は、分散《ぶんさん》された知識を融合《ゆうごう》させ、相互《そうご》に高め合っていく新たな学際的《がくさいてき》研究の可能性を引き出すでしょう。

そして何よりも、「教育の十年」の実施にあたっては、次代を担う青少年の幸福に徹して焦点《しょうてん》を当てることが肝要《かんよう》であり、初等教育から高等教育に至《いた》るまで、その教育内容を高めていく努力が求められます。またそれは、家庭や職場、地域のコミュニティーなど、あらゆる場所や機会を通じて重層的《じゅうそうてき》に実践されなければならないものです。

持続可能な地球社会を建設するためには、人類の過去から現在に至る豊かな智《ち》慧《え》の源泉《げんせん》を、未来のために共有《きょうゆう》することが第一歩となります。その共有すべき規範《きはん》や価値観、行動原理を、様々な文化や宗教を代表する人々が粘《ねば》り強い対話を通してまとめ上げた、いわばグローバルな民衆の英知《えいち》の結晶《けっしょう》というべきものが「地球憲章《けんしょう》」です。

地球憲章の前文には、こう謳《うた》われております。

「自然への愛、人権、経済的公正、平和の文化の上に築かれる持続可能な地球社会を生み出すことに、私たちはこぞって参加しなければならない。そのためには、地球上で生《せい》を営《いとな》む人間として、私たちは互いに、より大きな生命の共同体に、そして未来世代に対して、責任を負《お》うことを明らかにすることが必要不可欠である」と。

その意味から言えば、「持続可能な開発のための教育」とは、互いに深く密接《みつせつ》に連動《れんどう》し合う自己と世界とのつながりを認識することから始まります。ただしそれは、単に知識として学ぶだけでは、現実を動かす力とはなり得ません。知識の段階にとどまることなく、「自分としてどう行動すべきか」を常に考えながら、自身の生き方を鍛《きた》え上げていく「内面の営《いとな》み」が不可欠となるのです。

私自身、この三十年以上にわたり、世界の多様な文化、宗教、知性を代表する多くの方々と、直接お会いして語り合い、共に、地球的問題群を解決するための道を模索《もさく》し続けてきました。

そうした対話の中から得られた結論の一つは、人類の未来を開く最も重要なカギは、まさに、人間の内なる変革《へんかく》、すなわち、「人間革命」に帰着《きちゃく》するということであります。

私はかつてコロンビア大学ティーチャーズ・カレッジで行った講演（一九九六年六月）で、二十一世紀の人類が目指すべき「地球市民」の実像《じつぞう》を、以下の三点に要約《ようやく》しました。

一、生命の相関性《そうかんせい》、すなわち縁起《えんぎ》の法を深く認識する「智慧《ちえ》の人」

一、人種や民族や文化の〝差異《さい》〟を恐れたり、拒否《きょひ》したりするのではなく、相《そう》互《ご》に尊重し合う寛容《かんよう》の心を持ち、成長の糧《かて》としゆく「勇気の人」

一、身近に限《かぎ》らず、遠いところで苦しんでいる人々にも同苦《どうく》し、連帯しゆく「慈悲《じひ》の人」

これらの資質《ししつ》を深め、強化し、自身の日々の生き方にしていくところに時代転《てん》換《かん》のカギはあります。そして、この人間の内なる心の変革を促《うなが》す土壌《どじょう》となるように資《し》することにこそ、「持続可能な開発のための教育」の眼目が置かれなければならないと思います。

仏法の縁起観から　因果の連鎖を洞察

先に触れたように、持続《じぞく》可能な地球社会の礎《いしずえ》となる「共生《きょうせい》」のエートスは、自己と世界との相互連関《そうごれんかん》を理解することから育《はぐく》まれます。この連関性は人間自身、人間と人間、人間と生態系《せいたいけい》という、三つの次元《じげん》の関係性として捉《とら》えることができるでしょう。

人間自身を知るためには、内なる自分との対話が欠かせません。また、自己と他者、自己と世界の関係性の連鎖《れんさ》をあらわす「縁起《えんぎ》」という世界観は、仏教の基本的な思想であります。

心が欲望《よくぼう》にとらわれ、貪欲《どんよく》になると、人は往々にして周囲の状況《じょうきょう》が見えなくなるものです。そのような人間の欲望の破壊的《はかいてき》性質について、ある仏典《ぶってん》には、次のような説話《せつわ》が記《しる》されています〈マッジマ・ニカーヤ〈中部経典〉〉。

釈尊《しゃくそん》は、世俗的《せぞくてき》な欲にとらわれた、ある一人の修行者《しゅぎょうしゃ》に向かって、比喩《ひゆ》をもって、こう語りかけました。

「たとえば、村の近くに森があり、一本の果樹《かじゅ》に、熟《じゅく》した実がたわわになっていた。一人の人がやって来て、その果樹に登り欲望のままに実を食べ始める。腰《こし》の袋《ふくろ》にも実をいっぱい詰《つ》め込《こ》んだ。

そこへ、やはり果実を求める第二の人がやって来る。木に登れない、その人は、木の実をすべて自分のものにしようと、斧《おの》で木を切り始めた。

もし木が倒《たお》れたら、気がつかない最初の男はけがをするか、死んでしまうかもしれない」

「欲望にとらわれる時、人は悩《なや》み多く、苦しみ多いのだ」――と。

仏法の視点《してん》からいえば、このような人間と人間、人間と自然の調和を破ろうとする自己破壊的《じこはかいてき》な衝動《しょうどう》が、私たち人間の心の奥に潜《ひそ》んでいることを自覚しなければなりません。

自己と他者、自己と世界の関係性の連鎖《れんさ》、因果の連鎖の中で、自《みずか》らの行為《こうい》がどのような影響を生み、結果を招くかを思慮《しりょ》できない者を、仏法では、「愚《おろ》かなる者」「無明《むみょう》に覆《おお》われた者」と教えています。そして、その無明が自身のみならず、やがて世界をも破壊《はかい》していくであろうことを警告《けいこく》しているのです。

環境問題にしろ資源・エネルギー問題にしろ、自身のエゴのために、他者の不幸の上に自身の幸福を築こうとする発想《はっそう》が行き着く先は、ほかならぬ自分たちが暮らす地球というかけがえのない生態系《せいたいけい》を土台から突《つ》き崩《くず》してしまうという結末《けつまつ》にほかなりません。

すべての存在は、密接不可分《みっせつふかぶん》に結びつき、互いに原因と結果の関係となり、その因果の連鎖《れんさ》によって変化していく相関《そうかん》関係にあると認識することが重要なのです。すなわち、人間存在は、「地球憲章《けんしょう》」が〝より大きな生命の共同体《きょうどうたい》〟と呼ぶところの、すべての存在に繋《つな》がっているのです。

そして、このような認識をもって、同じ地球上で生きるすべての人々への共《きょう》感性《かんせい》を育《はぐ》むとともに、私たちの時代のはるか後の世界にも思いをめぐらせ、未来の世代に対して責任ある行動をとっていくことが、「教育の十年」を通じて、私たち人類が目指すべき共通の目標であらねばなりません。

地球上の生きとし生けるものすべてと、そして地球そのものとの結びつきを更に深く自覚し、世界を覆《おお》っている憎悪《ぞうお》や分断《ぶんだん》に、またその闇《やみ》から生まれる無力《むりょく》感《かん》に、決して屈《くつ》してはならないのです。

学ぶ、見直す、行動を起こす

問題を起こしているのは人間自身ですが、だからといって人間自体に絶望《ぜつぼう》してはなりません。また、その未来に悲観的《ひかんてき》になる必要もありません。

この広大な生命共生《きょうせい》の網《あみ》の中で、人は皆、その人にしか果《は》たせない使命を持っています。

二〇〇四年度のノーベル平和賞の受賞者となった、アフリカ・ケニアの環境活動家ワンガリ・マータイ女史《じょし》が、「グリーンベルト運動」を創設《そうせつ》して、多くの女性たちと共にアフリカ各地に植林《しょくりん》活動を展開し、今日まで約三千万本を植樹《しょくじゅ》したように、立ち上がった〝一人〟は、世界をも変える力を持っているのです。

「ふつうの人々でも生活を変革し、改善《かいぜん》することができるのです。……彼女たちは無学《むがく》で、なかには裸足《はだし》で生活する人もいます。その人生も平凡《へいぼん》かもしれない。それでもやり遂《と》げたことは、お金や靴《くつ》や車があり、教育を受けた人より偉大です」（映画「静かなる革命」でのインタビューより）と、女史は語っています。

一人ひとりの人間には無限《むげん》の可能性が秘《ひ》められているのであり、人類が抱《かか》える深刻《しんこく》な課題を解決するための智慧《ちえ》や洞察《どうさつ》も、私たちの、わけても若い世代の人々の心の中に備《そな》わっていることを忘《わす》れてはなりません。

「持続《じぞく》可能な開発のための教育」といっても、人間性に信《しん》を置かず、また人間の力を最大限に発揮《はっき》させようという決意なくしては、実りある成果を得ることは難しいでしょう。

このことを念頭《ねんとう》に、私は二〇〇二年に発表した環境提言では、

牧口初代会長が1903年に発刊した『人生地理学』では、人間社会の営みと地理の関係や自然との共生、世界市民の自覚に立つ世界観に言及している

一、現状を知り学ぶこと
一、生き方を見直すこと
一、行動に立ち上がること、

の三つの段階を踏《ふ》まえて、「教育の十年」の取り組みを総合的に進めることの重要性を提案しました。

　こうした環境と人間との連関性を踏まえた教育の重要性を、今から百年も前に訴えていたのが、創価学会の牧口常三郎初代会長でした。『人生地理学』の中で、牧口初代会長は、人間と自然との密接《みっせつ》な繋《つな》がりを、また自然現象《げんしょう》との多様な関わり方を、様々な例《れい》をあげながら説いています。例《たと》えば、同じ山でも、いろいろな受けとめ方があります。実用《じつよう》の対象《たいしょう》として、農林業や経済上の可能性を期待することもあれば、芸術の創作《そうさく》に美的《びてき》インスピレーションをもたらすこともあるでしょう。また、故郷《こきょう》を懐《なつ》かしむ気持ちを湧《わ》かせるかもしれません。

更には、牧口初代会長の言う公共《こうきょう》の観点《かんてん》から、その山が地域の共同体《きょうどうたい》や未来の世代にもたらす価値に注目することもできます。また、山は精神的な悟達《ごだつ》や宗教的交感《こうかん》さえ与えることもあるでしょう。しかも、こうした自然との様々な交流について、牧口初代会長は優先順位《ゆうせんじゅんい》をつけていません。

また、『人生地理学』の冒頭《ぼうとう》は、部屋の中にあるものを眺《なが》めるところから始まります。どの品《しな》をとっても、様々な国の様々な人々の手によって作られているものであり、そうした世界との繋《つな》がりに思いを馳《は》せれば、自《おの》ずと他の国民や他の文化の恩恵に感謝と尊敬《そんけい》の念《ねん》が生まれるではないか、と指摘しているのです。自分たちが呼吸するのと同じように、他の国の人々も呼吸をしている。その息《いき》づかいや笑い声まで聞こえてくるような、瑞々《みずみず》しい感性《かんせい》で文章が綴《つづ》られております。

そこには、郷土《きょうど》から国家を見つめ、更に国家から世界を見つめていくという視点《してん》があります。世界を知り、自然を慈《いつく》しみ、他者を思いやるという共生《きょうせい》の概《がい》念《ねん》を、少年少女でも分かるように、身近な例で具体的に教えているのです。

牧口初代会長はまた、人間は物質そのものを創《つく》り出すことはできないが、価値を創造することができる、と指摘しています。

そして、智慧《ちえ》を耕《たがや》しゆくことが、子どもたちの価値創造の力、すなわち世界をより健全《けんぜん》で、より美しく、より良いものにしていく能力を高める源泉になると見ていました。

なかでも人間の価値創造の能力は、物理的資源に制限《せいげん》されるものではないという洞察《どうさつ》は、持続《じぞく》可能な開発の核心《かくしん》を突《つ》くものです。そこから浮かび上がってくるのは、現代の世代だけではなく、はるか未来の世代まで、すべての人々が尊厳《そんげん》と充実感《じゅうじつかん》をもって幸福な人生を歩めるようにするには、尽《つ》きることのない人間の価値創造の力を開拓する以外にない、という視点《してん》であります。

欲望を価値に変える　欲望から価値を生む

ここでカギとなるのが、いかに人間の欲望と向き合っていくかという点です。仏教というと、多くの人は〝欲望《よくぼう》の否定《ひてい》〟を連想し、禁欲的《きんよくてき》で瞑想的《めいそうてき》なイメージから、世俗《せぞく》を離《はな》れた、あるいは超越《ちょうえつ》したものと思いがちです。しかし、それは、時代と社会の現実に身をもって真正面から取り組んだ釈尊《しゃくそん》の本来の精神ではありません。真の仏法は、欲望を滅《めつ》するのではなく、それをコントロールし、価値創造の方向に向けていくことの大切さを強調しています。

大事なのは、自分が欲望をコントロールするのか、それとも欲望にコントロールされるのか、であります。欲望に振《ふ》り回される生命状態は〝餓鬼界《がきかい》〟であり、際限《さいげん》のない欲望が満《み》たされることはありません。

仏法では、更に、欲望を善《ぜん》の方向に向けることによって、人間の幸福のための価値を生むことができると説いています。正義を渇望《かつぼう》するのも欲望の一つです。世界中から苦しみを取り除《のぞ》きたいと望むのも欲望です。先に挙《あ》げた〝智慧《ちえ》〟と〝勇気〟と〝慈悲〟こそ、このような高い次元《じげん》の欲望を湧《わ》き出させるものであります。

「持続《じぞく》可能な開発のための教育の十年」の成否《せいひ》は、人々の生命の内奥《ないおう》に訴《うった》えることができるかどうかにかかっています。

自分の生き方を変え、周《まわ》りの人々にも内省《ないせい》を促《うなが》し、社会の流れをも大きく変えていく――「教育の十年」を通じての未来のための努力が、私たちの心の奥底《おうてい》から生まれたものであるとき、それは世界を変える力として結実《けつじつ》するのです。

環境開発サミットへの提言

地球革命への挑戦――持続可能な未来のための教育

2002.8.26

南アフリカ共和国で行われる「持《じ》続《ぞく》可能な開発に関する世界首脳会議（環境開発サミット）」に寄せて、世界百八十三カ国・地域のＳＧＩ（創価学会インタナショナル）を代表し、私の所感の一《いっ》端《たん》を述《の》べたいと思います。

地球環境問題への関心を高める契《けい》機《き》となった、ブラジルでの「地球サミット」から十年――。

「持続可能な開発」が時代のキーワードとなり、いくつかの分野で改《かい》善《ぜん》が進みつつあるものの、約束された合意は十分に達成されているとはいえず、環境悪化のスピードに追いついていない現状があります。

この状態が二十一世紀にも変わらず続くことは、もはや許《ゆる》されません。事態を打開《だかい》するためには、「知識」や「技術」や「資金《しきん》」など多くのことが求められます。しかしそれ以上に、私たちに必要なのは、ともに同じ地球に暮らす人々との「連帯感《れんたいかん》」であり、いまだ生《う》まれぬ未来の世代への「責任感」ではないでしょうか。

地球温暖化とパラオの挑戦

今年六月、太平洋に浮かぶ〝海の宝石箱〟と称《たた》えられるパラオ共和国のトミー・レメンゲサウ大統領とお会いした時も、このことが話題となりました。

「地球の温暖化《おんだんか》は、パラオ国民にとって非常に深刻《しんこく》です。潮位《ちょうい》も上がって、潮《しお》が内陸のほうまで入ってきます。美しい島の自然が脅《おびや》かされているのです。また、エルニーニョ現象《げんしょう》によって、日照《ひで》りが起こっています。サンゴ礁《しょう》の破壊《はかい》も進んでいます。水温が大幅に上がって、サンゴが白化《はっか》して死んでしまうのです」

大統領は、パラオが直面《ちょくめん》する危機《きき》をこう語りながら、温暖化《おんだんか》ガスを削減《さくげん》するための代替《だいたい》エネルギーの研究や導入に取り組んでいることを紹介してくださいました。

目の前の危機を看過《かんか》するのではなく、自分たちのできることから「行動」を開始する——二十一世紀は、この意欲的な挑戦を国家レベルだけでなく、草の根の民衆レベルで力強く進めていくことが求められます。

今回の環境開発サミットに向けて、地球評議会が制作した映画「静かなる革命」では、そうした挑戦の代表例ともいえる、インドのニーミ村での水資源問題や、スロバキアのゼンプリンスカ・シラバ湖での環境汚染《おせん》問題、ケニアの森林保護（グリーンベルト運動）に取り組む人々の姿が紹介されています。

私どもＳＧＩも趣旨《しゅし》に賛同《さんどう》し、制作協力をさせていただきました。映画を貫《つらぬ》く〝一人の人間が世界を変えていく〟とのメッセージこそ、困難な課題に立ち向かう「勇気」と「希望」を与えるものと信ずるからです。

人類益や地球益に立った討議を

今回のサミットでは、二十一世紀を「環境と共生《きょうせい》の世紀」にするための基盤となる「実施計画」の採択《さいたく》が目指されています。

国連のコフィ・アナン事務総長は「サミットは各国の決意の度合《どあ》いをはかるリトマス試験紙となる」（国連広報センターの国連ニュース、二〇〇一年三月十四日）と強調していますが、その成否は、国益《こくえき》の対立を超えた「人類益」「地球益」の視点に立って、いかに実りある討議ができるかにかかっているといえましょう。

私は一月に発表したSGI提言で、このサミットに向け、法制度的な側面から三つの提案を行いました。

(1)地球環境問題で強いイニシアチブ（主導権）を発揮する「国連環境高等弁務《べんむ》官《かん》」と同事務所の新設、(2)環境諸条約の事務局の段階的な統合化《とうごうか》と、それに伴う「地球緑化《りょっか》基金」の設置、(3)「再生可能エネルギー促進《そくしん》条約」の締結《ていけつ》、です。

また、これらの提案とあわせて、環境問題に対する意識啓発《けいはつ》の重要性を訴《うった》えました。

問題の真《しん》の解決のためには、法制度の整備といった〝上《うえ》からの改革〟だけにとどまらず、それを支え、後押しする「民衆の連帯」を築いていく〝下《した》からの改革〟が欠《か》かせないからです。この二つは、いわば「地球革命」の両輪《りょうりん》を成《な》すものといえましょう。

そこで私は、地球環境問題の解決に取り組むためのグローバルな「民衆の連帯」をいかに築き、より強固なものにしていくかに焦点《しょうてん》を当て、論じてみたい。

環境教育を推進するための十年

一人ひとりが環境問題を〝自分自身の問題〟として捉《とら》え、共通の未来のために、心を合わせて努力していく——その原動力となるのは、何といっても「教育」です。そこで私どもＳＧＩでは、「持《じ》続《ぞく》可能な開発のための教育の十年」の制定を提案しました。

これは、現在の国連の「人権教育のための十年」に続く形で、二〇〇五年からの十年間を通し、〝持続可能な未来〟を築くための教育を推進《すいしん》するとともに、環境教育を普及《ふきゅう》させるための国際協力を強化することをめざすものです。

インドネシアで行われたサミットの第四回準備会合で、この提案は「実施計画」の最終草案《そうあん》に盛り込まれました。

「持続可能な開発」に向けて教育を進めることの重要性は、地球サミットの成果である「アジェンダ21」〈注1〉で打ち出されたものです。

そして、その核心《かくしん》は、五年前にギリシャでの国際会議で採択された「テサロニキ宣言」〈注2〉で定義づけられたように「持続可能性」にあります。宣言では、「持続可能性という概念《がいねん》は、環境だけではなく、貧困《ひんこん》、人口、健康、食糧《しょくりょう》の確保《かくほ》、民主主義、人権、平和をも包含《ほうがん》するものである」と謳《うた》われています。

ここにあるように、環境問題は他の問題群と密接《みっせつ》に関わるものであり、「人間の生き方」や「文明のあり方」にまで立ち返って、問題解決への視座《しざ》を浮かび上がらせることが要請《ようせい》されるものといえましょう。

私は、この「教育の十年」を、(1)地球環境問題の現状を知り、学ぶこと、(2)持続《じぞく》可能な未来を目指し、生き方を見直すこと、(3)問題解決のために、ともに立ち上がり、具体的な行動に踏《ふ》み出すためのエンパワーメント（力を与える作業）、の三つの段階を踏まえ、総合的に進めることが大切ではないかと考えます。

(1) 現状を知り、学ぶ

第一は、理解と認識を深めることです。

どれだけ世界の森林が失われ、どれだけ大気《たいき》や水や土壌《どじょう》の汚染《おせん》が進んでいるのか。そして、それが生態系《せいたいけい》にどのような影響を及《およ》ぼしているのか。こうした状況を一つ一つ知り、学ぶことから、すべては始まります。

その上で、問題を引き起こしている原因や社会的な背景について、一緒になって考える。また、現実に苦しんでいる人々に思いをはせ、感じた痛《いた》みを胸に刻《きざ》み込んでいく――。そこから、新しい問題意識や決意が生まれてくるはずです。最《もっと》も感性《かんせい》が豊かで、吸収力に富《と》み、想像力や創造性が大きく伸びる子どもの時期にこそ、学校教育の場で環境教育を行う意義は、まことに大きいに違いない。

「自然と環境」や「環境科」といった科目を設けて環境教育を進めている国の例もありますが、子どもたちに、自然を愛する心や地球を守る心を育《はぐく》むことは、〝子どもたちの未来〟を守ることにも繋《つな》がります。

私の創立した関西創価学園でも、NASA（アメリカ航空宇宙局）の「アースカム」（国際宇宙ステーション搭載《とうさい》のデジタルカメラを、生徒が遠隔操作《えんかくそうさ》して地球を撮影《さつえい》する教育プログラム）に参加しており、地球の置かれた状況を視覚的《しかくてき》に認識する面で、大きな教育効果をあげています。

世界の教育者の国際会議を開催

私はかねてから、各国の政策《せいさく》担当者だけでなく教育現場に携《たずさ》わる人たちの交流のための「世界教育者サミット」の開催を呼びかけてきました。
「持続《じぞく》可能な開発のための教育の十年」のスタートに際しては、各国の教育者が互いに環境教育への取り組みを紹介し合い、意見交換するための国際会議を開催してはどうかと思います。加《くわ》えて、社会的な取り組みとしても、地球環境問題への理解を深める機会を設けていくことが重要となるでしょう。

こうした観点から、私どもＳＧＩでは、地球サミットの公式関連行事としてブラジルで開幕した「環境と開発《かいはつ》展」をはじめ、アメリカでの「環境と人間展」、日本での「エコ・エイド」など、各種展示の巡回《じゅんかい》を通じた意識啓発《けいはつ》活動に力を入れてきました。

(2) 生き方を見直す

第二は、倫理《りんり》観《かん》の確立《かくりつ》と生き方の見直しです。

正確な情報や知識を得て、目の前の現実を直視《ちょくし》することは、環境教育の重要な役割です。

しかし、問題の規模が大きすぎたり、複雑《ふくざつ》すぎる場合は、情報や知識を得たとしても、自分との関《かか》わりが見いだしにくく、現実の行動に踏《ふ》み出すまでには至らない場合も多いといえます。

そうした限界を超《こ》えるためには、私たちの日常生活はすべて環境問題に密接につながっており、地球的な規模でプラスの変化を起こす「力」と「使命」が一人ひとりにあるとの自覚《じかく》を促《うなが》す教育が必要となります。

先の「テサロニキ宣言」にも、「最終的には、持続可能性は、道徳的・倫理的規範《きはん》であり、そこには尊重《そんちょう》すべき文化的多様性《たようせい》や伝統的知識が内在《ないざい》している」とありますが、人類の長い歴史の中で培《つちか》われてきた精神遺産《いさん》や文化的伝統から、〝人間として、どう生きるべきか〟という哲学や倫理を学び取り、それを自らのものにしていく作業が求められるのです。

地球サミットの事務局長を務めたモーリス・ストロング氏や、ミハエル・ゴルバチョフ元ソ連大統領らが中心となって進めてきた「地球憲章《けんしょう》」は、その一つの集大成《しゅうたいせい》であり、環境教育の教材という面でも極めて有益《ゆうえき》だと思います。

地球憲章《けんしょう》は、「生命共同体への敬意《けいい》と配慮」「生態系《せいたいけい》の保全」「公正な社会と経済」「民主主義、非暴力と平和」の四つの柱《はしら》からなり、持続《じぞく》可能な未来に向けての価値と原則を網羅《もうら》した内容となっています。

その内容とともに特筆《とくひつ》すべきは、地球憲章が〝ピープルズ・チャーター（民衆《みんしゅう》の憲章）〟とも呼ばれるように、作成の過程《かてい》で、世界の様々な地域の文化や伝統の精髄《せいずい》を汲《く》み取る努力を重ねるとともに、民衆の草の根レベルでの対話や討議を粘り強く続けるなかで、条文をまとめ上げていった点です。

ＳＧＩでも、その重要性に鑑《かんが》み、これまでシンポジウムやセミナーなどを各地で開催しながら、地球憲章の理念と意義を紹介し、その普及《ふきゅう》に努めてきました。

郷土（地域）と世界の往還作業

今後、地球憲章をより多くの人々の心に根付《ねづ》かせていくために、学校や地域で、それぞれの特性《とくせい》を踏《ふ》まえた環境問題の題材を取り上げながら、憲章を学んでいく機会を積極的に設《もう》けることを提案したいと思います。

冒頭《ぼうとう》で触《ふ》れたケニアのグリーンベルト運動では、〝砂漠化《さばくか》は北から広がってくるのではなく、我々の裏庭《うらにわ》から始まる〟を合言葉に、女性たちが中心となって、母親が子どもたちと一緒《いっしょ》に苗木《なえぎ》を植えるなどして、これまで二千万本もの植樹《しょくじゅ》が行われてきました。そのなかで、子どもたちも苗木の世話をし、誰が植えた苗木が最も生長しているかを競《きそ》い合いながら、苗木への愛情を深めているといいます。

こうした具体的な体験を通し、自分の地域の問題を考え、地球環境問題に対する意識を高めていくことの意味は大きいのではないでしょうか。

創価学会の牧口常三郎初代会長は、〝郷土《きょうど》は世界の縮図《しゅくず》である〟と述べ、人間の歴史と自然と社会の交差点《こうさてん》ともいうべき「郷土」に根差《ねざ》した学習を通し、「世界」への目を開くことが重要であると訴《うった》えていました。

この「郷土（地域）」から「世界」を見て、「世界」から「郷土（地域）」を見ていく往還《おうかん》作業こそが、生活実感に根差した自然観と倫理観を養《やしな》う上で欠かせないと、私は考えます。

(3) 行動に踏み出す

第三は、具体的な行動に、一歩踏み出すための「勇気」と「力」を与えることです。

いくら共通の行動規範《きはん》を定めたとしても、それを自らのものとして血肉化《ちにくか》し、実践《じっせん》する人々が増えていかなければ、厳しい現実を突《つ》き動かす力にはなりません。

〝決められたものだから従《したが》う〟といったような受け身的な姿勢で、それらが自分の意思とは関わりのない「表面的なルール」や「他律的《たりつてき》な義務《ぎむ》」として捉《とら》えられてしまえば、状況の変化次第で破られてしまう脆弱性《ぜいじゃくせい》は否《いな》めないのです。

だからこそ、こうした倫理を自らの「誓《ちか》い」として高め、それを果たしゆくことを「使命」とし、「喜び」としていく生き方を確立《かくりつ》することが大切になります。

私と対談を進めている未来学者のヘイゼル・ヘンダーソン博士が、環境問題に取り組み始めた原点は、大気汚染《たいきおせん》が子どもに与える影響を心配したことにありました。

博士は、当時の心境《しんきょう》をこう語っています。

「母親というのは、子どもを育てることがいかに大変かを知っています。それゆえに、『子どもたちの未来を良きものにしたい』という強い願望《がんぼう》があるのです。今、振り返ると、そこに、私たちがあらゆる迫害《はくがい》に負《ま》けずに戦い抜くことのできた原動力《げんどうりょく》があったと思います」(『地球対談 輝く女性の世紀へ』主婦の友社)と。

自分の愛する人々や自然が危機《きき》にさらされている状況を前に、やむにやまれぬ心情の発露《はつろ》として行動していく――その自発能動《じはつのうどう》の内発的な精神に支えられてこそ、倫理も〝人間の顔〟をもち、力を発揮《はっき》するようになるはずです。

生命の一体性と連関性への視座

では、こうしたエートス(道徳的気風《きふう》)の源泉となるものは何か――。

私は、空間的《くうかんてき》には、あらゆる生命と繋《つな》がり、時間的には、これから生まれてくる未来の世代や生命との一体性《いったいせい》へと導《みちび》いていく「生命尊厳《そんげん》」の思想であると考えます。

この「生命の一体性《いったいせい》」や「生命の連関性《れんかんせい》」への視座《しざ》は、古来、様々な伝統文化のなかで育まれてきました。それは、現代でも多くの先住民《せんじゅうみん》の間で、生きた知恵として受け継《つ》がれており、謙虚《けんきょ》に耳を傾けるべきメッセージがあります。

たとえば、南米アマゾンのデサナ人は、〝どんな種《しゅ》の生きものでも、孤立《こりつ》して存在することはない〟との考えのもと、生態系《せいたいけい》との調和を図《はか》る生活を送ってきました。

また、北米の先住民のイロコイ人には、「すべての物事《ものごと》は、地面の下からまだ顔を見せていない、七世代先の子孫《しそん》にまで思いをはせて決めなければならない」との言葉があり、あらゆる動物や植物を〝兄弟《きょうだい》〟と呼ぶ習慣《しゅうかん》があるといいます。

こうした生命に対する畏敬《いけい》の念は、多くの宗教でも強調されているところです。

私どもの信奉《しんぽう》する仏法でも、「目に見えるものでも、見えないものでも、遠くに住むものでも、近くに住むものでも、すでに生まれたものでも、これから生まれようと欲《ほっ》するものでも、一切の生きとし生けるものは、幸せであれ」（『ブッダのことば』中村元訳、岩波書店）と説かれています。

この言葉は、生命の連関性を説く「縁起《えんぎ》」と呼ばれる世界観に基《もと》づいていますが、ここで重要なのは「幸せであれ」と結ばれていることです。

つまり、その核心《かくしん》は、環境が自己に及ぼす影響を踏まえつつも、あくまで自己を〝変革の主体《しゅたい》〟と捉《とら》え、他の生命と意識的に関わり合うなかで環境をダイナミックに変革しようとする強靭《きょうじん》な意志力にあります。それは、他者への「慈愛」の一念から発するものです。

「貢献的生活」のなかに真の幸福が

自己の生命と他者の生命が豊かに触発《しょくはつ》し合いながら、自他ともの「生命の歓《かん》喜《き》」が呼び起こされていく。この他者へと開かれゆく〝生命の拡大〟――すなわち、自己の生命を「大我《たいが》」に立脚《りっきゃく》させていくことに、仏法の生命観の眼目《がんもく》があります。

ＳＧＩの「人間革命」運動も、一人ひとりが、この内《うち》なる変革に挑戦しながら、「生命尊厳」の思想を社会に開花させていくことを目的としているのです。

牧口初代会長は『創価教育学体系』の中で、「受力《じゅりょく》の生活―依他的《えたてき》生活」でも「自力の生活―独立的生活」でもなく、「授力《じゅりょく》の生活―貢献的生活」という生き方を確立《かくりつ》することが肝要《かんよう》であると訴えました。

「依他的生活」とは、確固《かっこ》たる自分を持たずに環境に左右《さゆう》されてしまう生き方であり、また「独立的生活」とは、自分の生き方は持っていても他者への眼差《まなざ》しが弱い生き方といえます。

これに対し、「貢献的生活」は、自然環境を含む他者との関係性の中に自己があることを自覚し、積極的に他者と関《かか》わり合うなかで、〝自他ともの幸福〟を目指す生き方なのです。

また「授力」は、今様に言えばエンパワーメントの謂《いい》で、一対一の「対話」による生命と生命との触発を通し、他の人々の可能性をも十全《じゅうぜん》に引き出しながら、世界の平和と人類の幸福を目指し、ともに歩んでいく生き方といえましょう。

万人が等しく備えている〝宝〟

三十年前に『成長の限界』と題する衝撃《しょうげき》的なリポートで地球環境の危機《きき》を世界に知らしめた、ローマクラブの創設者《そうせつしゃ》であるアウレリオ・ペッチェイ博士が、私との対談集『二十一世紀への警鐘《けいしょう》』で述べておられた言葉は、今でも忘れられません。

「まだ眠ってはいるが各人のうちにあって活用することができる能力はじつに莫大《ばくだい》であり、われわれはこれを最大の人的資源《じんてきしげん》とすることができます。われわれは、これらの能力をこの変化した世界の新たな状況に合致《がっち》するように鍛錬《たんれん》し、開発することによって――ただこの方法によってのみ――自然との関係も含めて、人類の現状に多少なりとも秩序と調和を回復し、安全に先へと進むことができるのです」

この万人《ばんにん》が等《ひと》しく備えていながら自覚されていない宝《たから》である「人間生命の可能性」を、自他《じた》ともに最大限に開拓し、「あらゆる生命との繋《つな》がり」への感性《かんせい》を磨《みが》いていく人間教育こそ、二十一世紀の教育に求められるべき要件《ようけん》であります。

地球環境問題に、どのような複雑な要因が内包《ないほう》されていても、人間が生み出したものである以上、人間の手で解決できないはずはありません。

迂遠《うえん》のようではあっても、人間に帰着《きちゃく》し、人間生命の開拓と変革から出発する「人間革命」こそ「地球革命」を実現させゆく王道《おうどう》であると、私は確信しております。

最後に、今回の環境開発サミットの大成功を心より念願しつつ、かけがえのない友人であった桂冠詩人《けいかんしじん》のエスター・グレース博士の詩と、ナイジェリアの作家ベン・オクリ氏が新世紀に捧《ささ》げた詩で、この提言《ていげん》を結びたいと思います。

「世界を変えたいと思うならば、人間を変えなければならない。人間を変えたいと思うならば、自分が変わらなければならない」(グレース博士)

「自分を創《つく》りなおさずして、世界を創りなおすことはできない。新時代は、必ず内面《ないめん》から起こる。それは、内《うち》なる出来事《できごと》であり、誰も考えたことのない、内なる解放《かいほう》の可能性である」(ベン・オクリ氏 Mental Fight, Phoenix House)

注1 アジェンダ21
「持続可能な開発」を実現させるための行動計画を定めたもので、一九九二年六月にブラジルで行われた「地球サミット」で採択された。全四十章からなり、地球環境の保全とともに、貧困や人口などの地球的問題群への取り組みについて、網羅《もうら》的に記されている。

注2 テサロニキ宣言
一九九七年十二月、ユネスコ(国連教育科学文化機関)などが主催し、ギリシャのテサロニキで行われた「環境と社会に関する国際会議」で採択された宣言。「アジェンダ21」の教育に関する項目を受けて開催された同会議には、八十四カ国から約一二〇〇人の専門家らが参加した。

SGIの日記念提言

希望と共生のルネサンスを（抜粋）

1992.1.26

地球サミットの成果に期待

ともあれ、戦後長く続いた世界を東西《とうざい》に二《に》分《ぶん》して争う対立の時代に終止符《しゅうしふ》が打たれました。今、必要なことは、世界地図の大きな変化に即《そく》した新しい地球社会の秩序《ちつじょ》の青写真を明確に描《えが》き出し、そこに到達《とうたつ》するのに英知《えいち》を結集《けっしゅう》することであります。

私はかつてローマクラブ創始者《そうししゃ》のアウレリオ・ペッチェイ博士と環境問題を包《ほう》括的《かつてき》に討論し、対談集を編《あ》みました（『二十一世紀への警鐘《けいしょう》』＝外国語版タイトル『手

ペッチェイ博士との語らいは『21世紀への警鐘』として結実し、17カ国語で出版されている

遅れにならないために』)。ペッチェイ博士亡《な》きあとローマクラブは昨秋、久々に「初の地球規模の革命」との新しい報告を発表しましたが、そこでは、二十一世紀への生存のために人類の英知を可能なかぎり速《すみ》やかに発動《はつどう》しなければならない、としております。手遅れにならないために、私もそう思います。

東西の厳しい対立が解《と》けた現在、貧困《ひんこん》、人口爆発《ばくはつ》、環境破壊《はかい》など年来《ねんらい》の地球的規模の諸問題に今こそ真剣に取り組まねばなりません。とりわけ本年はグローバルな環境問題の解決のために、極《きわ》めて重《じゅう》大《だい》な分岐点《ぶんきてん》の年になると思われます。六月に世界各国の首脳《しゅのう》と関係NGO（非政府組織）がブラジルのリオデジャネイロに集まり「環境と開発《かいはつ》に関する国連会議」（UNCED）、いわゆる「地球サミット」が開かれることになっており、私もその成果に期待を寄《よ》せている一人ですが、見通しは楽観《らっかん》を許《ゆる》さないようであります。

周知のようにこの国連会議は、一九七二年にストックホルムで開催された人間環境会議から二十周年を画《かく》して行われるものであります。二十年前のストックホルム会議では多くの行動計画を採択《さいたく》し、その後、各種の国際条約が採択され、新しい機構もできたにもかかわらず、事態は好転するどころか、むしろ環境破壊《はかい》の危機《きき》が深刻化し、南北《なんぼく》の対立も激化《げきか》しております。

理由は明らかであります。この二十年間、先進諸国《せんしんしょこく》は何よりも生活の豊かさを追い求め、経済成長至上《しじょう》主義の道を突《つ》き進んできました。自国の繁栄《はんえい》が第一であり、地球環境への配慮《はいりょ》は二の次にすぎませんでした。発展途上国《とじょうこく》への開発援《えん》助《じょ》は続けてきましたが、それが途上国の人々の暮らしを向上させることに直結《ちょっけつ》せず、貧困《ひんこん》とそれにともなう人口爆発は放置《ほうち》されたままでした。これが結果的に途上国内部での環境破壊に繋《つな》がっております。これらの行動が複合化《ふくごうか》し、地球的な環境破壊を招《まね》くに至《いた》りました。

途上国の女性に教育機会を

環境問題と並び早急《そうきゅう》に何らかの手を打たねばならないとされるのが、人口の急増《きゅうぞう》の問題であります。現在の世界人口は五十四億人に達《たっ》しており、ストックホルム会議以降でも、十六億もの人口増加となっております。

このままいくと世界人口は、二〇五〇年には地球の収容《しゅうよう》能力をはるかに超えて百億人に達するといわれます。しかも、その増加人口のほとんどが途上国の人々であります。俗《ぞく》に〝貧しい人の子だくさん〟といわれるような現実が途上国の社会にも見られます。現在の途上国の乳幼児《にゅうようじ》の死亡率《しぼうりつ》の高さは、なるべくたくさん子どもを産《う》んでおこうという母親たちの心理にも結びついております。

その結果、人口の増加率は貧困《ひんこん》の度合《どあ》いが最《もっと》も激しい地域で最高値《さいこうち》を示しております。まさに貧困の解決なくして人口問題の解決もないといえましょう。

と同時に、貧困と人口増加に苦しむ途上国の人々が、無理な焼《や》き畑《はた》農業や無計《むけい》画《かく》な薪《たきぎ》取りなどで、自然環境に打撃《だげき》を与えてきたという側面《そくめん》もあります。

地球環境の悪化と、人口の増加、貧困とはこのように密接《みっせつ》に関係しあっており、人類は三つの大問題を同時に総合的に解決しなければならないという極《きわ》めて困難な事態に直面しております。

貧困から脱出《だっしゅつ》するには、先進国からの有効《ゆうこう》な援助が必要なことはいうまでもありませんが、究極《きゅうきょく》的には途《と》上国《じょうこく》自身の内発的《ないはつてき》な開発努力が必要であります。そのカギを握《にぎ》るのが教育であります。

人口の抑制《よくせい》には産児《さんじ》制限教育の推進という課題がありますが、大事なことは総体的に途上国の人々の教育の機会をいかに増やすかにあります。特に女性に教育の機会が与えられれば、社会的進出が増え、出産する子どもの数が減ることが統《とう》計上《けい》も明らかになっております。

このような地球に見られる南と北の発展の不均一《ふきんいつ》をどう是正《ぜせい》していくかが、今、人類の直面しているアポリア（難問）といえましょう。こうした認識に立って、国連支援活動の一環《いっかん》として創価学会婦人部の婦人平和委員会が中心になり、これまで「WHAT'RE　子どもの人権展」（ユニセフ協賛＝三会場）と「世界の子どもとユニセフ展」（十一会場）を日本各地で開催し、多大《ただい》の反響《はんきょう》を呼んできました。

今、世界には約一億五千万人もの幼児が飢餓《きが》状態に置かれているという。また戦争や劣悪《れつあく》な医療《いりょう》事情《じじょう》や自然災害《さいがい》などで一日に四万もの幼《おさな》い命《いのち》が失われております。これらの展示はこうした世界の危機的《ききてき》状況にどう想像力を働かせ、認識を深めていくかという目的意識のもとに推進されてきました。先進国と途上国の人々とが地球市民としての心の連帯《れんたい》を、日常の場からどう築《きず》き上げていくかという、極《きわ》めて困難な課題に挑戦するユニークな試《こころ》みとして、私も陰《かげ》ながら応援を惜《お》しみません。

ともかく九十年代のうちに、貧困《ひんこん》と飢餓《きが》と人口問題に有効な手を打たないと手遅れになりかねないことを重ねて強調しておきたい。（中略）本来なら、こうしたグローバルな課題に、南も北も差別なく、一致《いっち》協力して取り組まねばならない。しかし現実には、六月の地球サミットを前に、先進国と途《と》上国《じょうこく》との対立があらわになっているのは、まことに憂慮《ゆうりょ》にたえません。

ブラジルの国連会議の最大の目標は、環境と開発《かいはつ》を統合《とうごう》する理念である「持続《じぞく》可能な開発」の具体化といわれております。ここでは環境を破壊《はかい》し資源《しげん》を浪費《ろうひ》する従来型《じゅうらいがた》の開発ではなく、環境保護を視野《しや》に入れたバランスのとれた開発が模《も》索《さく》されております。未来を直視《ちょくし》し、将来の世代の利益《りえき》を守りつつ、現在の世代の基本的欲求《よっきゅう》を満足させるような開発が目標にされております。しかし、持続可能な開発を具体的にどう進めるかをめぐって、南北の対立は、容易《ようい》に解《と》けそうにない。

特に途上国が先進国の責任を問《と》う声は一段と厳《きび》しくなっているようです。環境問題をこれほど悪化させたのは、先進国の大量消費文明《たいりょうしょうひ》に、第一の責任がある――と。加《くわ》えて、これまでの北側の開発政策そのものへの批判が強まっています。南の民衆の生活向上に結びつかず、環境破壊を未然《みぜん》に防止《ぼうし》できなかったからであります。

先進国主導の開発は転機に

確かに先進国主導の開発の仕組《しく》みが、途上国の貧困の解消どころか、膨大《ぼうだい》な累《るい》積債務《せきさいむ》を生み出しており、途上国の人々が環境保全《ほぜん》に目を向ける余裕《よゆう》を失わせていることは否定できません。

これまでの援助《えんじょ》が有効な使われ方をしてこなかったことも、改《あらた》めて見直されねばならないでしょう。途上国の年間の軍事費《ぐんじひ》は二千億ドルに及《およ》ぶといわれております。援助された資金の多くが武器《ぶき》の購入《こうにゅう》に充《あ》てられている現実を早急に変える必要があります。内政不干渉《ふかんしょう》との兼《か》ね合いもありますが、援助する国または国際機関が、被援助国《ひえんじょこく》の軍事費の支出度《ししゅつど》、武器購入《こうにゅう》の実態《じったい》などを総合的に判断し、援助の是非《ぜひ》を決定するようなシステムが確立《かくりつ》できれば、途上国《とじょうこく》の軍事費の増大に歯止《はど》めとなりましょう。

南と北が鋭《するど》く対立する一方、先進国同士でも対策に足並《あしな》みがそろわず、地球サミットの前途に暗雲《あんうん》が垂《た》れこめております。

例《たと》えば地球サミット最大の課題といわれる温暖化《おんだんか》防止枠組《わくぐ》み条約の採択《さいたく》をめぐって、西欧《せいおう》諸国と米国との対立が目立っております。地球の温暖化をもたらす二酸化炭素（CO_2）の排出量削減《はいしゅつりょうさくげん》に西欧諸国は積極的ですが、温暖化のメカニズムに疑問をもち、経済への打撃《だげき》を心配する米国は消極的であります。

南北の対立と、北側の内部の対立という極《きわ》めて複雑かつ困難な事情を抱《かか》え、国連会議の成功すら危《あや》ぶむ声も聞かれます。

いうまでもなく環境問題は、自然生態系《せいたいけい》の中でいかにして共存《きょうぞん》のシステムを構築《こうちく》していくかという問題であります。従《したが》って、政治、経済、科学技術の領域《りょういき》を超《こ》えて、人間の生き方を根本的に問うものであり、価値観から未来社会の文化の在《あ》り方までの全領域を含《ふく》む複合的《ふくごうてき》問題であります。

それだけに問題は単に国内の政治、経済のレベルの対応にとどまらず、全地球的な人々の意識の変革を進めねばなりません。そのためにも、内発的《ないはつてき》な精神性の要請《ようせい》は、急《きゅう》を告げております。先に（編注・割愛した前半で）「抽象化《ちゅうしょうか》の精神」に言及《げんきゅう》したとき、私の念頭《ねんとう》には、常に環境問題がありました。体制のいかんを問わず「抽象化の精神」は、人間に対してと同様、自然に対しても凶暴《きょうぼう》な刃《やいば》を振るい続けてきました。特に、旧《きゅう》社会主義諸国の、我々の想像を超える環境破壊のすさまじさは、記憶に新しいところでしょう。地球市民として、危機《きき》意識を共《きょう》有《ゆう》する内発的な意識変革こそ、まさに人類史的課題といってよい。

それと並行《へいこう》して、地球の難局《なんきょく》に対処《たいしょ》する国際的体制、システムを新たに創出《そうしゅつ》せねばならないという緊急《きんきゅう》の課題にも直面《ちょくめん》しております。

東西の冷戦が終結し、米ソの対立がなくなったことにより、国連が活性化され、

〝国連ルネサンス〟という言葉さえ聞かれます。確かにかつてのように安保理事会で拒否権《きよひけん》が乱発《らんぱつ》され、国連が機能《きのう》マヒに陥《おちい》るような事態はなくなりました。

しかし、その一方で現状の国連が環境危機《きき》に代表されるような地球的問題群にうまく対応できているかというと、決してそうではありません。

国連が誕生して四十数年が経過《けいか》し、地球を取り巻《ま》く状況は国連創設時と大きく変わっております。国連を創設した人々の発想《はっそう》のなかには、現在のような地球的危機への問題意識は薄《うす》く、環境問題は当然、主要課題とはいえませんでした。

地球的問題群に柔軟に対応

従《したが》って、私はもうそろそろ本格的かつ抜本的《ばっぽんてき》な国連の改革、即《すなわ》ち地球的問題群に対応しうる新時代の国際機関の創出に乗り出すべきときを迎えていると思うのであります。東西対立の重《おも》しが消えた今こそ、そのスタートを切るのが可能なときといえましょう。

私が、今から十三年ほど前に「環境国連《かんきょうこくれん》」の設置構想《こうそう》を提示《ていじ》したとき、発想の根底には近い将来、必ずそれが要請《ようせい》されるとの確信が込められておりました。

その延長線上に、昨年、私は国連の安全保障理事会を二分《にぶん》し、新たに「環境安全保障理事会」を新設してはどうか、との提案をいたしました。その提案に対しては、日本国内のみならず、世界的に心ある人々から賛意《さんい》が寄《よ》せられたのは心強いかぎりであります。

機《き》は徐々に熟《じゅく》しつつある、と私は見ております。もはや特定の五大国が安保理事会を独占し、世界を牛耳《ぎゅうじ》る時代ではない。識者《しきしゃ》の間でも国連の安保理事会を複数のものにして、環境問題や食糧《しょくりょう》問題を取り扱《あつか》ってはどうかとの案が出されているようです。国連当局も、新しい時代に即応《そくおう》した柔軟《じゅうなん》な発想で対応していただきたいと願うものです。

何度か日本で親しくお会いし、意見の交換を重ねている北欧《ほくおう》の代表的な平和学者のヨハン・ガルトゥング博士が興味深い国連改革案を提示していたのを思い起こします。それは国連を上院《じょういん》、下院《かいん》の二院制《にいんせい》にして、上院は現在のように一国一票制、下院は人口比にしてはどうかというものです。

私が興味深いと思ったのは「二院制」という思い切った発想の転換です。二院制が妥当《だとう》かどうかはともかく、そのような思い切った改革が今、要請《ようせい》されていることは間違いありません。

つまり、地球的問題群に効果的な対応をするには、現状の経済社会理事会とそれに連なる貿易開発会議、環境計画、人口基金、開発計画などの諸機関の体制では十分とはいえない。むしろ平和維持《いじ》機能を担《にな》う国連と、環境、経済、開発、人口、食糧《しょくりょう》、人権問題など地球的問題群を担当する国連を二つの独立した機関として構想し、抜本的《ばっぽんてき》強化を図《はか》ってはどうかと思うのです。

前者を「安全保障国連」と呼び、後者を「環境・開発国連」と名付けてはいかがでしょうか。これによりバラバラで横の連携《れんけい》が悪いとか、活動が重複《ちょうふく》してムダだというような国連組織への批判をなくすことができるはずです。国連機関の総予算、人員の七割が発展途上国《とじょうこく》への開発援助や人道的活動に振《ふ》り向けられている現状からすれば、「環境・開発国連」の新設は、むしろ時代の要請といってよいと思います。ここには「安全保障国連」の安保理事会に相当《そうとう》するものとして「環境・開発安全保障理事会」を新たに設置するものとします。

既存《きそん》の経済社会理事会の再編《さいへん》強化ではなく、発展的に新しい機構の創設を提案する理由は「環境・開発国連」を国際的な意思決定を下《くだ》せる強力な国際機構にしなければならないからであります。ここを単なる国際的協議機関にとどめてはならないと思います。

創価学会創立四十八周年記念提言

環境問題は全人類的な課題（抜粋）

1978.11.19

なぜ環境問題を取り上げるのか

先日、環境問題の権威者《けんいしゃ》であられるボン大学オルショビー博士と二回目の対談をいたしましました。その折、博士より私に環境問題についてぜひ発言してほしいとの要請《ようせい》がありました。そこで、きょうここで人類の未来のために、私は「環境問題」について一言申し上げておきたい。

なぜ「環境問題」を特に取り上げるのか。それは一つには、一時騒《さわ》がれたこの問題がオイルショックに端《たん》を発《はつ》した経済的不況のために、このところ忘れかけら

オルショビー博士との対談では、自然破壊や環境汚染に対する解決の方途について意見を交換した

れたような状態にあります。だが環境の破壊《はかい》と汚染《おせん》自体はその後も進行し続けているし、問題がなくなったわけではありません。それが限界《げんかい》状態にきつつあることはまぎれもない事実であり、これを私は心から憂《うれ》えるからであります。

私はまず根本的には、この問題を次のようにとらえております。すなわち、およそ人間が直面《ちょくめん》する問題は三つに分けられるでありましょう。

一つは、自己の内面世界にどう対処《たいしょ》するか。

二つは、他の人々とどのような関係を

結んでいくか。

三つは、自然環境にどう対応し、これをどのように扱っていくか。

この自分対自分、他人対自分、自然環境対自分の三つに一切《いっさい》の問題は収《おさ》まるといってよいと考えます。

環境問題が直接的に提起《ていき》しているのは、言うまでもなく第三の人間と自然との問題であります。しかし、よく考えてみると、この三者は互いに密接《みっせつ》に結び付《つ》いており、決して切り離して考えることはできません。自己の内面世界に調和とバランスのとれていない人は、対人関係や社会生活にあっても、常に不和《ふわ》と争いの種《たね》をまいていくものであります。また、彼は自然に対しても支配《しはい》、征服《せいふく》、破壊《はかい》といった態度で臨《のぞ》むに違いない。

さて環境破壊というと、まず近代の大規模産業が思い浮かべられます。それは当然のことなのですが、同時に私は、環境に最も大きな破壊効果をもたらしてきたものは、昔も今も戦争であるという事実を、忘れてはならないと思うのであります。

一九七二年に、ストックホルムで開かれた国連人間環境会議の席上、ベトナム戦争におけるアメリカのナパーム弾《だん》や枯葉剤《かれはざい》の使用が、エコサイド（生態系《せいたいけい》の大規模な破壊）の名で糾弾《きゅうだん》されたのは、我々の記憶に新しいところであります。

そして戦争が、本源的《ほんげんてき》には人間の内面世界の破壊に端《たん》を発《はつ》することは「戦争は人間の心の中に始まる」とのユネスコ憲章《けんしょう》の言葉を引くまでもありません。すなわち私は「〝外なる環境破壊〟は、いつの時代にあっても、人間の〝内なる環境破壊〟と互いに原因となり結果となりつつ不可分《ふかぶん》につながっている」ことを強調しておきたいのであります。

さて環境破壊の問題が、このようにクローズアップされてきたのはごく最近、一九六〇年代に入ってからであります。近代における科学技術の進歩を曲線《きょくせん》に表してみると、十八世紀の産業革命以降、徐々に上昇しはじめたカーブは、一九六〇年代になると、ほとんど垂直《すいちょく》に近い急カーブを描《えが》いているそうであります。

それほどこの短い期間に集中的な進歩《しんぽ》がなされたわけであります。その結果、公害等のマイナス面も急速に表面化してきて、多くの人々の関心を引きつけたのであります。

しかし、そうした進歩、発展の淵源《えんげん》をたどれば、その基本的なパターンが敷《し》かれたのは、やはりヨーロッパ近代であるといってよい。ヨーロッパ諸国を中心に発達してきた科学技術、それに主導《しゅどう》された近代文明の在《あ》り方については〝近代合理主義〟の名のもとに、多くの人々によって論《ろん》じられていますので、ここでは詳《しょう》論《ろん》しません。

それを一言にして言えば、自然への支配欲《しはいよく》や征服欲《せいふくよく》、すなわち人間のエゴイズムの正当化であります。もとよりそうした姿勢は、反面、刻苦《こっく》、節制《せっせい》、努力、挑戦などの能動的《のうどうてき》エネルギーに結晶《けっしょう》したことは事実であります。また近代科学が、飢餓《きが》や疾病《しっぺい》を克服《こくふく》するうえで果たしてきた貢献を否定しようとするものではありません。

しかしその根源《こんげん》が、エゴという内面世界の不調和やアンバランス、換言《かんげん》すれば〝内なる環境破壊《はかい》〟に発《はっ》している限り、そのエネルギーも歪《ゆが》んだ方向へと向かわざるを得ません。対人関係においては植民地主義、対自然の関係においては、文字通りの自然破壊、環境破壊を引き起こしてしまったのであります。

今やこうした人間中心主義は明らかに破綻《はたん》をきたしております。私はそれは、どちらかといえば東洋の発想である自然中心の共和《きょうわ》主義、調和主義によって取って代わられなければならない時期に来ていると思う。私が環境問題の抜本的《ばっぽんてき》解決のために、東洋の英知である仏法の教えるごとく、あらゆる存在にその固有《こゆう》の尊厳性《そんげんせい》を認める考え方を基盤におかなければならないと訴《うった》えるゆえんもここにあります。

人間と自然の調和、共存の原理

なかんずく、五陰《ごおん》、衆生、国土の三世間から成る一念三千《いちねんさんぜん》の法理が示すように、国土世間も含《ふく》んで我が生命が成り立っているとの依正不二《えしょうふに》の原理こそ、時代の要請《ようせい》であると思うのであります。

すなわち、この法理によれば外部環境（依報《えほう》）即《そく》内部環境（正報《しょうほう》）であり、一体不二《いったいふに》なのであります。更に正報も依報によって作られているとの考え方も含んでおります。更に正報という〝内なる一念《いちねん》〟の変革が、必然的《ひつぜんてき》に依報である国土世間をも含む全自然環境へと連動《れんどう》し、そこに変革をもたらしていくという、優《すぐ》れて内外呼応《こおう》した共和、調和の法理であるからであります。

こうした考え方を根本にしてこそ、今まで支配、服従《ふくじゅう》の一方通行であった人間と自然との回路《かいろ》は相互に音信《おんしん》を通じ、人間が自然からのメッセージに耳を傾《かたむ》けることも可能となるでありましょう。また人間と自然とが交流し合う、豊かな感受性《かんじゅせい》をもった文化、精神を作り出すこともできるはずです。

この発想を根底にするならば、自然に対する侵略《しんりゃく》、征服《せいふく》の思想から、共存《きょうぞん》の思想、さらには一体観の思想への転換も可能であると信じております。その点、後年、日蓮大聖人の仏法を信奉《しんぽう》した牧口初代会長の『人生地理学』を現在の多くの識者が再評価し、その中にちりばめられた自然に対する貴重な発想を、現代社会によみがえらせるべきであるとの主張がなされております。

誠《まこと》に『人生地理学』の中には、西洋の知識を縦横《じゅうおう》に駆使《くし》しつつ、一貫《いっかん》して東洋人の自然観が語られております。豊かな大自然に抱かれて人生を享受《きょうじゅ》する人間の生き方が詳細《しょうさい》に描かれております。識者の注目するところも、まさに、東洋的自然観、東洋人の発想にほかなりません。

例《たと》えば人間は、植物と接触することによって美情を養《やしな》うことができる。殺意《さつい》をしずめ、豊潤《ほうじゅん》な心情を培《つちか》うものであると述べられております。また動物や山、川といった無生物との交渉を通じても、美に感動する心を養い、親愛や勇敢《ゆうかん》さという高尚《こうしょう》な心を啓発《けいはつ》していく存在であるとも記《しる》されております。

更に人間は、大自然の妙《たえ》なる営《いとな》みに抱かれて、芸術的心情や真理への情熱を燃やすばかりではなく、大宇宙の律動《りつどう》へ〝心の眼〟を開き、宗教心を育てゆくものであるという根源的《こんげんてき》な領域にまで入っているのであります。

また、かつて古代文明の栄《さか》えた遺跡《いせき》を見ると、そこに幾十万もの人々が住んでいたとは思われないような広漠《こうばく》たる砂漠が広がっている。まさに草木も生《は》えない状態になっております。その原因として、緑の木々や草を人間や動物が絶滅《ぜつめつ》させたことに求める歴史家もおります。たしかに人類の文明にとって、いかに緑の平野が貴重であるかを示しているであリましょう。

先ほどのオルショビー博士との会見の際、いただいた最新の論文の中にも、ドイツにおいて環境保護のために植林《しょくりん》がいかに重視されてきたかが強調されております。ドイツでは十八世紀から十九世紀初めにかけて「自然を庭園として残そう」との運動が起こった。これは英国から出発して欧州全域にまで広まったものですが、その後、近代工業化の中で一時忘れられたが、十九世紀末から再び自然保護の運動が広がって、今日に至《いた》っているとのことであります。

私も旅行をするたびに、ヨーロッパの各都市では緑豊かな公園が広々ととってあり、田園《でんえん》の緑もまた実に美しいのに感心させられますが、そこには長い年月にわたる住民のたゆみない努力があるのであります。

ここで思い起こされるのは、東洋においても今から二千年以上も昔に、仏法《ぶっぽう》を信奉《しんぽう》したマウリヤ朝のアショーカ王が、その憲法ともいうべき十四章の法勅《ほうちょく》の中で、第二条にインドの全領土に街路樹《がいろじゅ》を植えさせたことが記されております。私もかつてインドを訪問した際、どの街道筋にも亭々《ていてい》として幹の太い並木が、延々と植えられているのを目の当たりにしました。厳《きび》しい自然環境の中に生きるためには、人類は何千年も昔から緑を保護し、幾世代にもわたって木々を大切にしてきたものと思われます。

ここでは数例を挙《あ》げたにすぎませんが、『人生地理学』に詳細に論じられているように、大自然は、人類の生存にとって唯一無二の母体であり、基盤《きばん》であります。それはただ肉体を維持《いじ》するために必要であるというのみならず、人類の精神的基盤であり、文化、文明を興隆《こうりゅう》しゆく源泉《げんせん》でもあります。

ゆえに自然の破壊《はかい》、損傷《そんしょう》は、そのまま人類の衰退《すいたい》、滅亡《めつぼう》にも通じる危険性をはらんでいると言えましょう。逆に言えば、豊かな自然のリズムを維持《いじ》し増進《ぞうしん》することこそ、永劫《えいごう》なる人類繁栄《はんえい》への最大のカギといっても過言ではありません。

この際、単純なことながら改めて銘記《めいき》しておきたいことは、自然環境や他の生物には本来、国境《こっきょう》や領海《りょうかい》などはないということではないでしょうか。それを作り出したのは人間であり、偏狭《へんきょう》な人間の心であります。大気も海水も国境を超えて、地球的規模で運動しております。北洋を回游《かいゆう》している魚にとっては領海のラインなどはわかろうはずがありません。（中略）

先のオルショビー博士も「多くの民族の歴史は、一つの文化圏《けん》の繁栄と存続《そんぞく》は、土壌《どじょう》が肥沃《ひよく》であり続けるか否《いな》かにかかっている。豊かな風土にのみ高文化ができる」と述べられ、数々の民族興亡《こうぼう》の実例を挙《あ》げております。

そのいずれの実例も、文化の興隆《こうりゅう》とそれを支える豊かな自然の関連を見事に立証するものでありました。そして、一つの民族が自ら土壌を荒廃《こうはい》させたとき、必ず民族の生命力が衰《おとろ》え、やがて世界の歴史の舞台から退《しりぞ》いていったのであります。ところが、今や世界は一体化《いったいか》し、東洋も西洋もまた他の地域も科学技術文明を取り入れ、ともに人類文化を築き上げゆく段階に入っております。つまり自然の人類を支える力の消失《しょうしつ》は、一つの民族、国家の衰退《すいたい》にとどまらないのでありま す。まして地球的規模での自然破壊の現状を考えれば、人類の文化、人類の生存力そのものの衰亡《すいぼう》に思いを至さなければならないのであります。

「環境国連」の創設を

そのため、国連の砂漠《さばく》会議においても提案されたように、現に進行しつつある地球の砂漠化を食い止め、我が国を含めた先進諸国の経済力をもって砂漠地域の潅漑《かんがい》、植林を行うことも一つの方法であります。それによって開発途上国《かいはつとじょうこく》から〝公害輸出国〟との批判をうけかねない日本も、発想の転換を迫《せま》られていくことでしょう。

さらにまた、全地球的規模において人類が生き延《の》びるための方策《ほうさく》を、各国の英《えい》知《ち》を結集して研究し討議し、具体的な解決策を見いだしていくべきであると提案したい。

したがって、これらの諸問題に対処《たいしょ》するにあたっては、理想論とのそしりをうけるかもしれませんが、国境や民族を超越《ちょうえつ》した視点と舞台に立っていくことが急務でありましょう。

その方向への具体的な個々の努力、対話、協定の積み重ねのうえに、例《たと》えば、国連人間環境会議の際生まれたＵＮＥＰ（国連環境計画）、一九七六年のハビタット（国連人間居住センター）等の成果を踏《ふ》まえつつ、やがては全世界の話し合いと取り決めの共通の場としての「環境国連」ともいうべきものが生まれるであろうことを念願したい。それが従来《じゅうらい》の国連機構の中で、どのような位置を占《し》めていくかは今後の課題であります。

しかし私は、こうした機構が国連内でより大きな比《ひ》重《じゅう》を占めていくということは、国連の分節的機能を高め、平和と安定という意味からも好ましい方向であると考えます。そして、そこに初めて自然環境の問題に関して、人類は健全な国際的合意の基準を確立《かくりつ》することができるであろうと、私は仏法者《ぶっぽうしゃ》として期待しております。

しかし、この「環境国連」を考える際、欠かすことのできない視点は、地球的規模にわたる調和、特に南北間のバランスの問題であります。国連人間環境会議が開かれたとき、最大の焦点《しょうてん》となったのも、この点でありました。

たしかに環境問題はグローバルなものであり、核《かく》にも匹敵《ひってき》する人類的課題と言えましょう。またそれが、近代科学を駆使《くし》した「開発」によってもたらされたことも言うまでもありません。

しかしそれは、近代文明の〝マイナス〟の部分であり、〝プラス〟の分野に属《ぞく》する富の増大、経済的繁栄を享受《きょうじゅ》しているのは、あくまで先進諸国にすぎないのであります。

多くの開発途上国《かいはつとじょうこく》は、その恩恵《おんけい》にすら浴《よく》さず、いまだに貧困《ひんこん》と飢餓《きが》に、日常的に脅《おびや》かされているのが実情と言えましょう。

いくら環境問題という〝マイナス〟の部分の影が、地球を覆《おお》うまでに広がりつつあるとはいえ、そうした既成《きせい》事実を無視して〝地球は一つ〟と叫《さけ》ぶことは、持てるもののエゴイズムと言われても仕方のない面があるのであります。国連人間環境会議の際「貧困こそ最大の環境汚染《おせん》ではないのか」との声が開発途上国から発《はっ》せられたのも、当然のこととも言えるのであります。

したがって「環境国連」のような場を創出《そうしゅつ》していくにあたっては、人間と自然との調和という観点と同様、国と国、特に「南」と「北」との調和、共存共栄《きょうぞんきょうえい》をどう図《はか》っていくかがカギになってくると思うのであります。そのためにも、今まで多かれ少なかれ開発途上国の犠牲《ぎせい》のうえに繁栄《はんえい》を築いてきた国々は、自らのうえにとりわけ厳《きび》しい試練《しれん》を課《か》さねばなりません。私は我が国を含む先進諸国に強くこのことを訴えておきたいのであります。

こうした国対国、「南」と「北」とのバランスと同時に重要なことは、特に先進国の国内における経済成長と環境保全《ほぜん》とのバランスの問題であります。

たしかに人類が輝ける未来を築くためには、科学技術の導入による工業化と経済的繁栄を無視することはできません。これらは人類生存の物質的基盤《きばん》を確保するための、極《きわ》めて有力な手段であります。だが科学文明は、それのみを追い求めていくならば、大自然の律動《りつどう》を破壊《はかい》し、自然の中に張りめぐらされた〝生命の環《わ》〟――すなわち生態系《せいたいけい》をズタズタに切り裂《さ》いていくという一種の宿命《しゅくめい》をはらんでおります。

その際、私は、二十一世紀の人々の生存の基盤を確保しておくためにも、先進諸国において国内の経済成長と自然破壊が拮抗《きっこう》した場合には、断固として自然保護、自然の回復を第一義とすべきであると思うのであります。

幸いにして現代の生態学をはじめとする自然にかかわる学問の知見によって、自然の耐《た》えうる限界――つまり、環境負担能力の限界――が次第に明瞭《めいりょう》になりつつあると聞いております。

これらの成果を取り入れて、大自然の営《いとな》みを回復し、さらに増進する道は開かれていくことでありましょう。そこで私は、今後の方向は科学的知見によって示される自然の復原力《ふくげんりょく》を上回らないような低成長の経済的発展であるように、常に指導者は心掛《が》けるべきであると訴えたいのであります。

第2章

座談会

「共生の世紀」へ――

環境教育を通して世界市民の育成を

■座談会

「共生の世紀」へ――環境教育を通して世界市民の育成を

出席者（敬称略）
・遠山　益（お茶の水女子大学名誉教授）
・宮本　発（創価学会教育本部長）
・加藤　昭（中学校教諭）
・松元和子（小学校教諭）
・飯尾美行（高等学校教諭）
・杉本陽子（小学校教諭）

宮本　21世紀を拓《ひら》くキーワードは「共生」であると言われます。また、「環境と共生がポイントになる」といった指摘《してき》を耳にすることもあります。

そこで、この座談会も、テーマを「『共生の世紀』へ――環境教育を通して世界市民の育成を」と掲げました。ご専門の植物学はもとより、環境問題に大きな関心を持ってこられた、お茶の水女子大学名誉教授の遠山益《すすむ》先生を囲んで、教育現場で日々、子どもたちとかかわっておられる皆さんにも大いに語り合っていただきたいと思います。

人間も自然も〝一緒に生きる存在〟

遠山 「共生の世紀」をどう創《つく》り出していくか――。まさに人類にとっての最重要課題ですね。

ちなみに、「共生」の英語はSymbiosisです。ギリシャ語のSumbiosisに由来《ゆらい》しています。sumは「一緒《いっしょ》に、共に」、biosはlife、つまり「生命、生物」の意味です。したがってSumbiosisは、「一緒に生きる」ということです。

杉本 生命として一緒に生きるということは、他の動植物を含《ふく》めた自然環境、つまり地球環境と人類との共生と受けとめられますね。

遠山 そうです。私の知る限りでは、この共生の思想は、医学の父と称《たた》えられる古代ギリシャのヒポクラテスにさかのぼります。

彼は病人の治療にあたって「自然の治癒力《ちゆりよく》」を重視しました。病気を治すには

▼**遠山　益さん**

とおやま・すすむ／お茶の水女子大学名誉教授。理学博士。1970〜72年までカリフォルニア大学ポストドクトラルフェローとして渡米。1985年、文部省在外研究員として英国オックスフォード大学に派遣される。東京都在住。

自然環境の力を借りることが大切であり、人類と自然環境が共生することが最善であると説いたのです。

加藤　たしか人間と自然との調和を主張した微生物学者のルネ・デュボス博士も、ネオ・ヒポクラテス主義を提唱《ていしょう》していましたね。古代ギリシャの医聖《いせい》ヒポクラテスの思想に還《かえ》れ、と。

飯尾　創価学会の牧口常三郎初代会長も、その著『人生地理学』で、自然環境が人間形成に及ぼす影響の重要性を訴えていました。例《たと》えば、「慈愛《じあい》、好意、友誼《ゆうぎ》、親切、真摯《しんし》、質朴《しつぼく》等の高尚《こうしょう》なる心情の涵養《かんよう》は郷里《きょうり》を外にして容易に得べからざることや」の一節もそうです。

松元　『人生地理学』が上梓《じょうし》されたのは1903年（明治36年）です。弱冠《じゃっかん》32歳の時の大著です。

遠山 100年以上も前のことですね。人間形成と環境とは不可分の関係にあるとの牧口初代会長の主張はそのまま、人間と環境との共生だと言っていいでしょう。実に鋭い卓見《たっけん》ですよ。

宮本 1993年（平成5年）に池田SGI会長がハーバード大学で「21世紀文明と大乗仏教」と題する講演をされました。その中で、「万物《ばんぶつ》共生の大地」という視点から「一切《いっさい》の生きとし生けるものは、互いに関係し、依存し合いながら、生きた一つのコスモス、哲学的に言うならば、意味連関の構造を成《な》している」との大乗仏教の自然観の骨格を示しながら、「共生」の重要性を訴えられました。

遠山 私もよく覚えています。講演への感想を聖教新聞に寄稿しましたが、その折、ご多忙にもかかわらず、池田SGI会長から直筆《じきひつ》の御礼状を頂戴《ちょうだい》したことは今でも忘れられません。

宮本 そうでしたか。環境問題を中心として地球

▼宮本　発さん

みやもと・はじめ／創価学会副会長・教育本部長。

的問題群にアプローチした池田ＳＧＩ会長の対談として、すぐ頭に浮かぶのは、ローマクラブの創《そう》始《し》者《しゃ》であるアウレリオ・ペッチェイ博士との対談集『21世紀への警《けい》鐘《しょう》』です。

▼杉本　陽子さん

すぎもと・ようこ／小学校音楽専科教諭。創価一貫教育を経て音楽大学へ。教員として最初に赴任した三宅島の高校で、生徒たちとともに三宅島雄山の噴火を経験。創価学会教育本部では、女子青年教育者委員長として活躍。埼玉県在住。

加藤　私も読みました。「人間と自然」、「人間と人間」、そして「人間革命」の三部構成になっています。１９８４年（昭和59年）の刊行ですから、すでに20年以上の歳月が経っていますが、例《たと》えば、省エネルギーへの提言や地球との共存《きょうぞん》を前提にした宇宙開発への問題提起等々、その主張は色褪《あ》せていないどころか、地球環境の危機《きき》が叫ばれる21世紀の今日だからこそ、耳を傾《かたむ》けるべき警鐘です。

松元　ペッチェイ博士との対談を池田ＳＧＩ会長に勧《すす》めたのは、20世紀最大の歴史学者と言われるイギリスのアーノルド・トインビー博士でしたね。

宮本　はい。池田ＳＧＩ会長は１９７２年（昭和47年）と73年（同48年）、二度にわたってトインビー博士と対談をしました。二度目の会談を終えた時、「私の友人たちに会っていただければ」と、トインビー博士から世界的な知性七人の名が記されたメモを手渡されたのですが、その中の一人がペッチェイ博士でした。

杉本　ローマクラブが発表したレポート『成長の限界』も衝撃《しょうげき》的《てき》なものでした。

飯尾　先ほど挙《あ》げられたデュボス博士とも池田SGI会長は会談されています。やはり、トインビー博士から紹介されたお一人です。

地域性を生かした環境教育への取り組み

加藤　『ペッチェイ対談』の中で、教育に携《たずさ》わる者の一人として特に心に残っているのは、「環境問題は技術だけで解決できるのではなく、人間社会における物

▼加藤　昭さん

かとう・あきら／中学校社会科教諭。環境教育主任。地域社会を巻き込んだ実践的な環境教育を展開し、2002年（平成14年）には読売教育賞最優秀賞、2006年（同18年）には埼玉県教育公務員弘済会教育実践報告優良賞を受賞。埼玉県在住。

事の考え方自体が変わっていかなくてはダメなのだ」という一点でした。これは、まさに教育の問題ですから。

前任の中学校での実践ですが、中庭《なかにわ》に生育していた広葉樹《こうようじゅ》の「ヒトツバタゴ」という一本の樹木《じゅもく》に光を当てて、「思いやり」をテーマに映画を作ったり、啓発・掲示コーナーを設置したり、生徒会愛唱歌の制作、また樹木の自生地《じせいち》である長崎県の対馬《つしま》や岐阜県の蛭川《ひるかわ》の中学校との交流、短歌づくりやボランティア活動、植樹《しょくじゅ》活動などを通して、子どもたちの豊かな心、思いやりの心を育《はぐく》んでいこうという活動をしてきました。

松元　「ヒトツバタゴ」は、たしかモクセイ科の木ですよね。俗《ぞく》に「なんじゃもんじゃの木」と呼ばれているようですが……。

加藤　はい。子どもたちも俗称《ぞくしょう》のほうが親しみがあるようです。毎年5月上旬になると、子どもの日を祝うように真っ白い花を咲かせます。その掛《か》け値《ね》なしの美しさには、だれもが感動すると思います。

経典に、「一切衆生悉有仏性《いっさいしゅじょうしつうぶっしょう》」（一切衆生にことごとく仏性がある）と説かれていますが、私は、この白い花は子どもたちが本来、持っている「純粋な心」や「可能性」に通じると思いました。ですから、文化祭では、この「ヒトツバタゴ」を題材にして、自主映画を製作しました。その最中《さなか》に、「白い花は僕たちの心を表しているんだ」という言葉が生徒の中から出てきた時には、感無量でした。

宮本　今年から新しい学校に転任されたそうですね。

加藤　はい。騎西町《きせいまち》の学校です。7年前の2000年（平成12年）に「環境都市宣言」を行うなど、積極的に環境保護を訴えている町でした。そこで、環境教育主任として、町にある「埼玉県環境科学国際センター」と協力して、新たに環境教育への取り組みを始めたところです。

松元　もう15年前のことになりますが、環境教育への取り組みで、市の広報ビデオに出演させていただきました。以来、かなり意識を持って環境教育に打ち込んできました。今は教科書にもさまざまな環境問題が取り上げられており、どの教科においても環境に関連させた授業ができるのではないでしょうか。

飯尾　私は、県立の工業高校で1991年（平成3年）から環境教育に興味を持って取り組んできました。私たちの住む浜松市は、オートバイや楽器など、〝ものづくり〟の町として有名です。工業都市に生きる私たちですから、〝ものづくり〟文化を推進してきた誇りをずっと継承《けいしょう》していきたいと願っていますが、その反面、環境に負荷《ふか》をかけてきたことも否《いな》めません。

こうした課題を生徒たちと一緒《いっしょ》に考えながら「社会にいいことをしていこう」と、十数年前から、「環境という視点を重視した21世紀の新しい〝ものづくり〟のあり方を学校教育の中に創造すること」を目指して、「自然や環境に配慮《はいりょ》した〝ものづくり〟活動」と「ボランティア活動」の2つを大きな柱としてやってきました。

▼松元　和子さん

まつもと・かずこ／小学校教諭。児童たちに「自分の生活を見つめ直して、地球のためにできることはないか考えよう！」と語りながら、積極的に環境教育を推進している。神奈川県在住。

加藤 牧口初代会長は、「子どもの生活基盤がしっかりしている学校こそ、すぐれた学校である」として、学校の道徳的文化というものを非常に大事にしていました。

学校教育における環境教育のあり方というのは、「環境についての教育」という点では、環境の知的《ちてき》理解を深めていくことです。「環境の中での教育」という点では、地域性を考慮《こうりょ》した体験的な学習が欠かせません。

杉本 私は現在、小学校に勤務していますが、教員として最初に赴任《ふにん》したのは、三宅島にある高校でした。

あまりにもすばらしい大自然に、心から感動しました。春夏秋冬、天の川や流れ星が見えたり、鳥のさえずりが聞こえたりすること、職員住宅の目の前に広がる海の美しさなど、枚挙《まいきょ》にい

▼飯尾 美行さん

いいお・よしゆき／工業高校教諭。環境クラブ顧問。ボランティア活動とものづくりを中心とした特色ある環境教育を推進。2005年（平成17年）度しずおか新エネルギー大賞で審査員特別賞を受賞。2006年（同18年）度静岡県教育公務員弘済会教育実践論文最優秀賞を受賞。静岡県在住。

とがありません。でも、島の子どもたちは生まれながらにして大自然に恵まれた環境にいたためか、それを当たり前のことと思っていたようです。

松元　三宅島といえば、あの火山の噴火《ふんか》に遭遇《そうぐう》されたのですか？

杉本　ええ。火山ガスが吹き出し、すごく悲痛《ひつう》な気持ちになりました。生徒たちも同じように、大きな衝撃《しょうげき》を受けたと思います。自然の脅威《きょうい》というものを思い知らされました。

宮本　全島避難《ひなん》も経験したわけですよね。三宅島ならではの体験が、生徒たちにとっては貴重《きちょう》な災害《さいがい》教育であり、また環境教育として役立ったということでしょうね。

杉本　そう感じています。もちろん、たくさんの魚を観察して、その生態《せいたい》を学んだり、しし座流星群《りゅうせいぐん》が出現した時には、島の電気を消して夜通《よどお》し、生徒たちと一緒《いっしょ》に流星群の記録をとったり、海岸の清掃《せいそう》やテングサ採《と》りなどのボランティア活動にも取り組みました。

飯尾　三宅島と海洋生物学者のジャック・モイヤー博士とのかかわりを耳にしたことがありますが……。

杉本　モイヤー博士は、戦後、英語の講師として三宅島に滞在《たいざい》されました。以来、三宅島の島や魚やイルカなどの研究を続けられるかたわら、島の子どもたちの海洋自然教育などに携《たずさ》わってこられました。

小学生を対象にシュノーケリングの指導をしたり、サマースクールやセミナーを開催されるなど、２００４年（平成16年）に亡くなられるまでずっと、さまざまな形で島とのかかわりを続けてこられました。

環境とは多岐《たき》の分野にかかわる「人間学」

宮本　日本であれ、世界であれ、今、一体《いったい》となって、グローバルに環境というものを考えていかなくてはならない時代を迎えています。特に、環境に関する意識啓発《けいはつ》は重要です。

遠山　そう思いますね。「環境教育」と言うと、生物を題材として扱《あつか》っている場合が多いようですね。いわば、自然科学の中のある一部分が取り上げられがちなわけですが、それならば、「環境教育は、生物教育や理科教育とどこが違うのか」と問いたくなります。

「環境」というものをどうとらえるか――。これは、環境教育に限らず、環境問題の解決を図《はか》っていく上でも根本的な、重要なポイントだと思いますが、実は「環境」をどう定義するかは決まっていないのです。衣食住をそれぞれ「衣環境」「食環境」「住環境」と位置づけている人もいるし、フランスのクロード・ベルナールという生理学者は、人体の中の環境と外の環境、つまり「内環境」「外環境」に分けて研究しました。

私は、もともと「分子《ぶんし》生物学」とか「細胞生物学」というような「バイオテクノロジー（生物工学）」、いわゆる生物の最先端《さいせんたん》の仕事をずっとやってきました。

アメリカでも生物やそれらに関する研究活動をしていたものですから、日本に帰ってきた途端《とたん》、「環境の専門家」とみなされるようになってしまいました（笑い）。

加藤 遠山先生は「環境」をどのようにとらえられているのでしょうか。

遠山 私は環境をこのように定義しています。［図1・図2］

環境には、人文科学的な環境、社会科学的な環境、自然科学的な環境という3つの分野があります。その境界領域《きょうかいりょういき》こそが「人間学」であり、その中に環境というものが含《ふく》まれるだろうと考えています。つまり、「環境とは、いろいろな分野にかかわっている人間学である」と言えるでしょう。

飯尾 人文科学的な分野には、宗教や哲学といった、さまざまな事柄《ことがら》が含まれますし、社会科学的な分野には、政治・経済・社会といった事柄も含まれています。つまり、「この分野をやらないと環境を勉強したことにならない」などと狭《せま》くとらえる必要はないということですね。

遠山 そうです。自然の破壊《はかい》といった環境問題を学ぶにしても、難民《なんみん》や平和の問

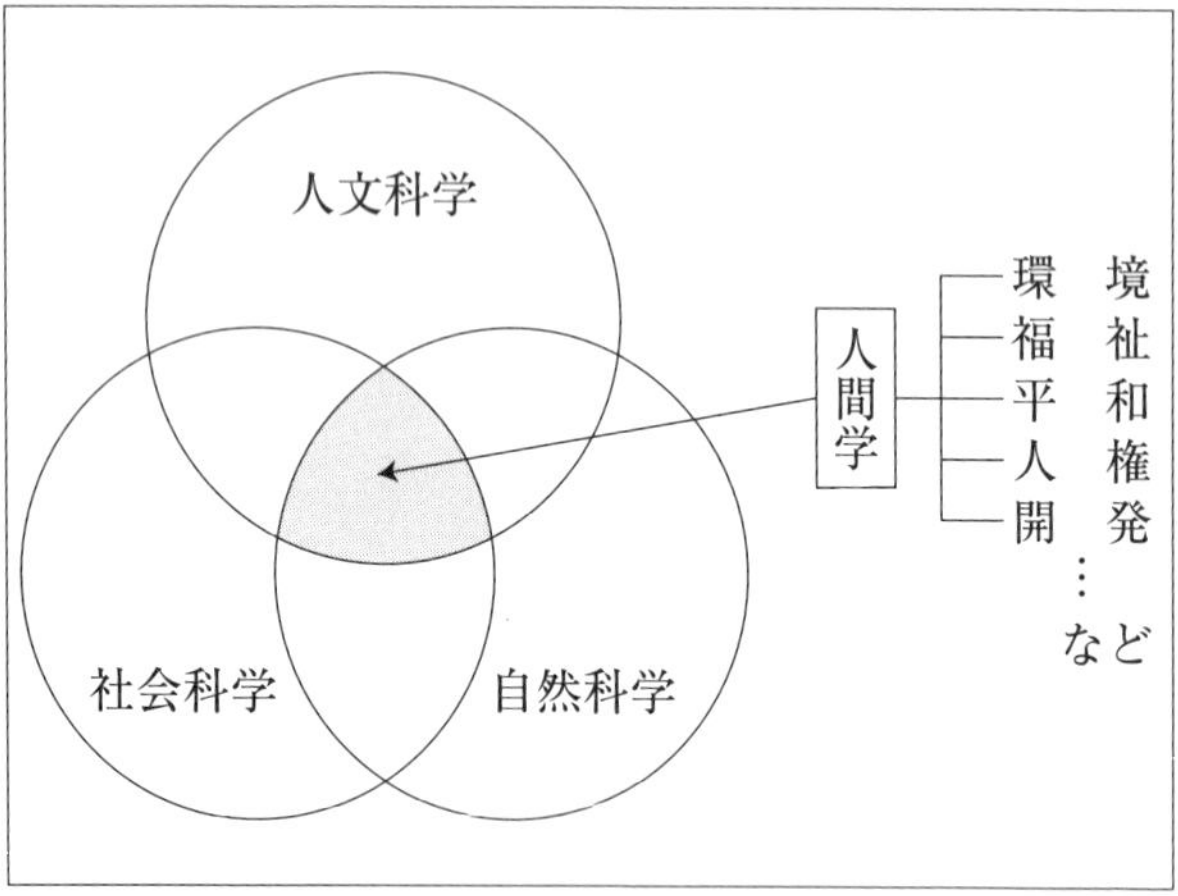

［図１］

環境
- 文化的環境
  - 音楽，絵画，彫刻などの芸術
  - 文学，哲学，心理学などの学問
  - 宗教など
- 社会的環境
  - 家庭，学校，職場，農漁山村，都市
  - 政治，経済，行政，国際関係
  - 教育，職業，人口，貧困，犯罪など
- 自然的環境
  - 物理的条件
    - 温度，湿度，光，放射線
    - 音，振動，圧力，気候など
  - 化学的条件
    - 大気中に含まれる無機・有機化合物
    - 水中の無機・有機化合物
    - 土壌中の無機・有機化合物
  - 生物的条件
    - 微生物，すべての動植物

［図２］　**環境の構成**　遠山益著「人間環境学」より

題など多岐《たき》にかかわり合ってきます。まさしく「人間学」ですよ。

皆さんはその点、すばらしい模範《もはん》の人物が身近《みぢか》におられるではないですか。池田SGI会長は、いわば「人間学」の大家《たいか》ですよ。だから、環境問題に関しても、いろいろと発言をしておられます。

飯尾 はい。例《たと》えば、5年前のことですが、「地球革命への挑戦――持続《じぞく》可能な未来のための教育」と題する提言を発表されました。

これは、2002年（平成14年）8月に開かれた「持続可能な開発に関する世界首脳会議」、いわゆるヨハネスブルク・サミットに寄せたものですが、関係者から高い評価が寄せられています。

加藤 この池田SGI会長の提言に基づく創価学会などのNGO（非政府組織）の声を受けた日本政府が腰を上げたんですよね。

飯尾 そうです。日本がヨハネスブルク・サミットの場に提案した「持続可能な開発のための教育の10年」は、同年の国連総会で採択《さいたく》されました。そして、2005年（平成17年）3月から具体的な推進への取り組みがスタートしました。

遠山 英語でいえば、「Education for Sustainable Development」、いわゆる「E

SDの10年」です。

主管《しゅかん》機関のユネスコ（国連教育科学文化機関）では、「世界の人々が積極的な社会変革と持続《じぞく》可能な開発《かいはつ》を実現するため、価値観、行動、生き方などを学ぶ教育」が不可欠だとしています。そして、具体的な内容として、環境教育、平和教育、人権教育、開発教育など学際的《がくさいてき》な分野の教育目標を取り上げています。

このような世界的なレベルでの努力は、これからの世界にとって実に時宜《じぎ》を得たものです。池田SGI会長の世界のオピニオン・リーダーとしての地位は一段と高まったことでしょう。

教師や教育のあり方を問い直すチャンス

加藤　池田SGI会長は、先ほどの「環境提言」で、環境教育については次の3つの段階を踏まえ、総合的に進めることが大事ではないかと言われています。すなわち、「地球環境問題の現状を知り、学ぶこと」「持続可能な未来を目指し、生き方を見直すこと」「問題解決のために、ともに立ち上がり、具体的な行動に踏み出すためのエンパワーメント（力を与える作業）」です。

私は、「子どもたちの内発性《ないはっせい》を大事にする」という観点からも、子どもたち自らが現状を知ることが非常に大事なことだと思っています。

飯尾 地球環境の現状を知るという意味では、新聞やテレビなどのマスコミの報道や特集企画なども大いに活用できますね。

加藤 そうなんです。先日も、埼玉新聞に「解《と》けていく世界遺産」という見出しで、「地球温暖化《おんだんか》」の影響を取り上げた記事がありました。また、人工衛星《えいせい》から撮影した「夜の地球」の映像や写真を見ると、先進国のエネルギー消費が多いことが如実《にょじつ》にわかります。さらに、ベストセラーになった『世界がもし100人の村だったら』という本などを見ますと、人類の半数が栄養失調《しっちょう》に苦しんでいる現状がわかります。

私は、こうした書物や新聞記事や「環境白書」などを教材に使って授業をすすめるなどの方法で、生徒たちに現状を認識してもらうように努めてきました。

杉本　自然のすばらしさや美しさを共感させ、体感させることで、美しい自然や植物を守っていこうという心を引き出す。こうしたところから、現状を知る3段階に入っていくことも大事です。

松元　私も、小学校の段階では子どもたちに地球環境の現実を知らせていくことが非常に大切だと考えています。地球規模《きぼ》の問題は多岐《たき》にわたっていますが、すべてが環境とかかわってくる問題ですし、今の子どもたちは、知らないことがあまりにも多すぎるからです。

かつて、授業でディスカッションをしたことがあります。

「現代の私たちの暮らしは、たしかに昔に比べて豊かになってきた。すばらしい生活になってきたことは否《いな》めない。けれども、そのために地球環境が破壊《はかい》されてきたのも事実である。では、そうやって、人間が豊かさや便利さを求めてきたことは間違《まちが》っていたのだろうか」という問題提起《ていき》に対して、活発に意見交換《こうかん》がされました。

杉本 子どもたちが積極的に発言する授業は、教師であれば誰もが望んでいます。それだけ学級が学び合い、高め合う雰囲気《ふんいき》に包まれているということですから。

松元 子どもたちは学ぶ意欲にあふれていますし、本当に純粋です。「間違ってはいない」「いや、間違っていたのかもしれない」と、さまざまな意見が出ました。

飯尾 「どうしたらいいのだろう?」と、子どもたちの葛藤《かっとう》が続く――。こういう時間を大切にしたいですね。教師が結論を急ぎすぎると、子どもたちの考える力はつきません。

松元 私も正直、焦《あせ》りそうになりました。時計にばかり目がいって(笑い)。

宮本 そこをグッと我慢《がまん》した(笑い)。

松元 そうなんです。そうしたら、「目先の便利さや利益《りえき》を求めて、世の中のことを考えなかったのではないか」「暮らしの便利さを求めるのは、人間として当然である」「求めるのはいいけれども、求め方が違っていたのではないか」と、いろいろな角度でしっかりと原因を追究《ついきゅう》してくれました。

そこから、「今後、私たちはどう生きていくべきか」ということにまで発展させていったのですが、「自分たちも〝地球の中で生きる一人の人間〟なのだという自覚が必要ではないか」と、広い視野《しや》に立った結論に導《みちび》かれていったのです。そして、「中学・高校でもこうした環境問題に積極的に取り組んでいきたい」と、前向きにこの勉強をとらえてくれたように感じました。

こうした経験から、地球環境を考えていくには、「他者《たしゃ》を思いやる精神」とか「地球市民を育成していく」という観点が大事だと思います。

飯尾　環境教育に携《たずさ》わって十数年が経ちますが、環境教育とは、「人間とは何か」を問いかける教育だと思います。そして、環境教育を推進《すいしん》するということは、教師にとっては、「教師のあり方や教育のあり方を根本的に問い直すチャンスである」と感じています。

ですから、授業をするにあたって、「人々の幸せのために」と自分自身に言い聞かせながら、「自然に負荷《ふか》をかけたり、環境を破壊《はかい》して豊かさを得《え》たものは持続しない」と生徒たちに語り続けてきました。

加藤 教え子たちが、新しい時代、21世紀の社会のあり方、デザインというものを根本的に変えていくリーダーシップを発揮《はっき》できるといいですね。

飯尾 そう願っています。「環境教育というのは、非常に町づくりに貢献《こうけん》し、そこに住む人々の共感《きょうかん》を呼び、子どもたちには未来への希望のメッセージを与えることができる」――そういうふうに思って、ずっと取り組んできました。幸い、地域の皆さんの共感を得ることもできたようです。感謝しています。

私たちの学校では21世紀を前に、「環境教育宣言」という自己宣言をおこなって、5つの行動指針を定めました。〔図3〕

【図3】

環境教育宣言

〈目標〉

私たちの学校は、郷土の豊かで美しい自然を大切に守るため、環境や自然に配慮できる「地球にやさしいエンジニアの育成」をめざして、環境教育活動を推進します。

〈行動指針〉

1．私たちは、環境教育活動を積極的に推進します。

2．私たちは、環境や自然に配慮した〝ものづくり〟を推進します。

3．私たちは、地域社会と協力し、〝ボランティア活動〟を推進します。

4．私たちは、積極的にグリーン購入を行い、循環型社会をめざします。

5．私たちは、ゴミを出さない学校づくりを推進し、ゴミゼロ社会をめざします。

2000・11・18

松元　すばらしい「環境教育宣言」と実践ですね。大変、刺激を受けました。

杉本　具体的には、どのようなことをされているのですか？

飯尾　機械・電気・電子・電子機械というすべての学科で1年生全員が、「技術と環境」という科目を週2時間、教養として学ぶことを、カリキュラム化しています。

さらに、この授業は地域の自然保護団体や企業・大学とも協力・提携《ていけい》しておこなわれており、例《たと》えば生徒たちが、環境ボランティア活動――地域の自然を守る活動――を、年間を通じて35時間以上おこなうと、この科目の単位が1単位分、増加単位として認定されるというシステムになっています。

加藤 地域の自然を守るボランティア活動というのは、実にいいことですね。

飯尾 ありがとうございます。それから、「自然や環境に配慮したものづくり」として、ペットボトルや不要になった自転車を利用してソーラーボートを作り、ボートのわきには、「きれいな川や湖をとりもどそう!」などといったメッセージを掲げて、大会やイベント等に参加しています。

天竜川《てんりゅうがわ》で開催されたレースでは、市長から賞をいただき、生徒たちとともにとても喜んでいます。

また、校内に、ゴミを分別《ぶんべつ》収集するためのリサイクルステーションを設置しました。これは、生徒とＰＴＡが力を合わせて、地元でとれる天《てん》竜杉《りゅうすぎ》を使ってログハウス風の建物を作り、浜松市の分《ぶん》別《べつ》方式と同様に、14品目に分けて完全リサイクルするというかたちで、循環《じゅんかん》型《がた》社会のモデルを提案しています。

ここに地域の小学生たちがやってきて、リサイクルの勉強ができるようにもなっています。

この循環型社会ということに関連し、全校生徒がものづくりを学習する時に着る実《じつ》習服《しゅうふく》やジャージなどの体操服、そして部活動でもユニホーム等、ペットボトルの完全リサイクルによってできた「リサイクル服」を身につけています。本当に環境というのは、社会と関係する学問だと思います。

宮本　学校全体の環境教育の推進体制はもちろん、地域の皆さんの協力・支援も本当にすばらしいものがありますね。環境教育のリーダーを育成するための環境クラブの活動も活発だそうですが――。

飯尾　はい。１９９５年（平成7年）に生徒たちの環境クラブを作ったのですが、

1999年（同11年）からはお母さんやお父さん方の生涯学習の場として、「PTA環境教育クラブ」を発足《ほっそく》し、毎月1回、定例の学習会を開催しています。そして、地域の子どもたちのためには、「城北《じょうほく》ジュニア・エコ・クラブ」を作りました。学校の施設や校内にある「城北の森」において、これまでに2260名の子どもたちが学習をしています。

地域・社会に貢献《こうけん》できる活動として、学校という場をもっと役立てていきたいと思います。

加藤 今のお話をうかがって、教育者のしっかりした信念がないと環境教育は成果をあげていくことはできない、ということを改めて思いました。何か自身のモットーとされているようなことがあるのですか？

飯尾 そうですね。いつも自分自身の環境教育のエンジンにしている牧口初代会長の言葉が2つあります。

一つは、「子どもたちは郷土《きょうど》の中で無意識のうちに様々なことを学習することができる。郷土《きょうど》はそれ自体、人間を形成する強い教育力を持っている」という言葉です。環境教育は決して、学校だけで完結できるものではありません。地域のさまざまな教育機関や市民や団体とも協力し、生涯の学習の場として、学校から環境教育を発信できたらと思っています。

もう一つは、「人類は、軍事的《ぐんじてき》・政治的・経済的競争《きょうそう》を超《こ》えて、人道的競争《じんどうてききょうそう》を目指すべきである」という言葉です。私たちは、教育という人道的・倫理的《りんりてき》な分野でリーダーシップをとれるのではないかという気概《きがい》で、ボランティアを中心とした社会貢献《こうけん》活動を展開しています。

宮本　いずれも『人生地理学』に述べられています。人道的な競《きそ》い合いであれば、周囲を傷つけても自分だけがよければといった発想とは無縁《むえん》ですから、社会に貢献できる生産活動やビジネスになっていくにちがいありません。環境への配慮《はいりょ》も生まれますよ。

池田ＳＧＩ会長の「環境国連」構想の先見性

遠山　先ほども言いましたが、「環境教育」と言っても、花壇《かだん》の花を育てるとか公園の鳥を観察するというのは、自然科学の領域《りょういき》——すなわち、生物教育や理科教育の範囲内《はんいない》——であって、これらを「環境教育」と呼ぶことについては、私はどうかと思っています。

今の飯尾先生の実践がよく物語っているように、自然科学分野の領域の物事を、人文・社会といった領域とどのようにかかわりをもたせるかというところが大切で、それこそが、現場の環境教育であると思うのです。ですから、環境教育というものが、社会と結びつくのは当然です。

松元　環境に関する提言で忘れられないのは、池田ＳＧＩ会長の「環境国連」構想です。１９７８年（昭和53年）のことですから、もう29年も前の提案《ていあん》です。

大ざっぱな言い方ですが、人間と自然との調和、そして地球的規模《きぼ》の調和を図《はか》っていくうえで、「南」と「北」のバランス、共存共栄《きょうぞんきょうえい》がカギになると……。

加藤　環境問題は大きく言えば、生態系《せいたいけい》の中にいかにして共存共栄のシステムをつくりあげていくかという問題です。先ほどの「環境は人間学」との遠山先生の言葉に共感を覚えました。

宮本　たしかに環境をどう保全するかは、グローバルに取り組むべきです。人間の英知が問われる、核兵器廃絶《はいぜつ》にも匹敵《ひってき》する人類的課題だと言っていいでしょう。

杉本　池田ＳＧＩ会長は一貫して国連の改革を訴《うった》え、創価学会は国連の支援を続けてきました。今年で25回目を数える「ＳＧＩの日記念提言」も、その一環です。

飯尾　毎年1月26日に発表されてきましたが、「環境国連」の構想もその中で平和維持機能《いじきのう》を担《にな》う「安全保障《ほしょう》国連」と並んで、環境・経済・開発・人口・食糧・人権問題など、地球的問題群を担当する「環境・開発国連」の創設構想へと深められています。

杉本　今年の記念提言は「生命の変革　地球平和への道標《どうひょう》」と題するものでした。その中でも「東アジア共同体」の構築《こうちく》に向けた提案の一つとして、「東アジア環境開発機構」の創設《そうせつ》が提示されています。

宮本　つまり、世界的にも緊急《きんきゅう》を要する課題である環境・エネルギー分野に力を注いでいくべき地域機関の設置を訴えられたわけですが、非常に目を引きつけられました。というのも、昨年（２００６年）７月、教育本部の教育交流派遣団《はけんだん》として中国に行かせていただいた時のことが思い出されたからです。

北京から西安に移動した時のことでした。中国では、都市部は目覚ましい発展を遂《と》げていますが、農村部の西安などはまだまだ発展途上《とじょう》にあり、厳《きび》しい環境の中に農村地帯が置かれていることを実感しました。

例《たと》えば、水に関する問題も非常に厳しい現実があり、中国で2番目に長い川である黄河《こうが》が渇水《かっすい》状況にあります。断流《だんりゅう》が発生し、土地が劣化《れっか》し、砂漠が拡大していることによって、大量に発生した黄砂《こうさ》が、風に乗って日本にまで舞い降りてきています。

　また、北部では水不足が続いているため、揚子江《ようすこう》の水を長距離にわたって運び、北部を潤《うるお》そうとの試《こころ》みもされているようです。

遠山　中国には私も縁《えん》があります。

　実は13年ほど前から、北京《ペキン》農学院で集中講義をおこなってきました。現在も客員教授を拝命《はいめい》しています。

　講義に行くたびに中国の急激な発展に驚かされる一方で、エネルギーの供給や森林の保全、あるいは汚物《おぶつ》の処理などに多くの課題を抱えている状況を見てきました。それはちょうど戦後の日本が、工業立国を国是《こくぜ》として生産活動に猛進《もうしん》してきた姿に似ていました。

宮本　すさまじい経済発展に伴《ともな》い、中国では大気汚染《おせん》の範囲も拡大しています。二酸化硫黄《いおう》や工場から放出される窒素《ちつそ》酸化物などは、酸性雨の原因にもなっていて、国境を越えた環境問題になりつつあります。

「地球温暖化」防止はこれからが本番

遠山 今、さまざまなところで「地球温暖化《おんだんか》」が論じられていますが、地球環境問題で、一番重要な問題はやはり「地球温暖化」の問題です。1997年(平成9年)12月に京都で開かれた「気候変動枠組条約第3回締約国会議」、いわゆる「地球温暖化防止京都会議」は、世界的な危機感《ききかん》の表れだと言っていいでしょう。ここでは、55カ国以上が協議して「京都議定書」が採択《さいたく》されました。

飯尾 私もこの歴史的な「京都会議」に参加し、各国代表からの意見を直接聞くことができ、大変、関心を持っています。日本は2002年(同14年)に批准《ひじゅん》しました。2005年(同17年)2月16日に発効《はっこう》したわけですが、「地球温暖化」を防ぐために、いかに温室効果ガスを抑制《よくせい》するかですね。

加藤 大気中に含《ふく》まれている温室効果を有するガスには、例《たと》えばメタン、フロン、亜酸化窒素《ちっそ》などいろいろありますが、代表は何と言っても化石燃料を燃やす時に発生する二酸化炭素（炭酸ガス）です。

飯尾　ＩＰＣＣ（気候変動に関する政府間パネル）の第４次報告書（２００７年２月現在）によりますと、「地球温暖化《おんだんか》」が進み、１９００年から２０００年にかけて、20世紀の過去100年間で地球の平均気温は約0.6度上昇したそうです。これが２０００年から２１００年までの今後100年間には、さらに最大6.4度上がると予測されています。

こういうことを考えると、未来を生きる子どもたちのための「明るい未来」をつくるには、今、手を打たなければ手遅れになると感じています。

松元　世界各国の努力はまさにこれからが本番です。私たち教育者は何ができるかを問われてもいます。

遠山　一般市民が「地球温暖化」防止に貢献《こうけん》するためには何をしなくてはいけないかという点を具体的に論じなければいけない。情報を集めて勉強することももちろんですが、具体的に実践できることはいくらでもあるのです。CO_2（二酸化炭素）の排出量《はいしゅつりょう》を少なくするためにはどうしたらいいか。その一つが森を作ることです。

例《たと》えば、「人間一人が一日に排出するCO_2がどれくらいの量なのか」ということがわかれば、「私たちは木を何本植えればいいのか」「その木が育つことによって、自分の出したCO_2がどのくらい償却《しょうきゃく》できるのか」といったことだって計算できるわけですね。

こうした学習によって、自然科学の領域《りょういき》の物事を、政治・経済といった人文・社会の領域にかかわらせていくことが可能なのです。

杉本　木を植えたり、森を育てたりすることは、すごく大事な教育なのですね。

宮本　先ごろ、遠山先生が著《あらわ》された『本多静六《ほんだせいろく》　日本の森林《もり》を育てた人』を興味深く拝見しました。わが国の林学の道を開かれた先達《せんだつ》のご苦労に頭が下がるとともに、日本で初めての大学演習林《えんしゅうりん》が清澄山《せいちょうざん》にあることを初めて知りました。

本多静六《ほんだせいろく》さんは遠山先生の遠戚《えんせき》に当たられるそうですね。

遠山　はい。緑を愛し、森林を育てた本多静六は、埼玉県が生んだ偉人の一人と称されています。

樹木《じゆもく》が林立する森林の文化に学ぶことは、そのまま共生を志向《しこう》する環境のあり方や人間の生き方を考えることでもあります。

加藤　本多静六さんは、わが中学校の隣町《となりまち》である菖蒲町《しょうぶまち》のご出身です。同じように埼玉県を代表する偉人の一人だった渋沢栄一は、「人は消極的に悪事《あくじ》をなさぬというだけでは、物足らないのである。積極的に多く善事《ぜんじ》をなさねば、人たる価値はない」（渋沢青淵記念財団竜門社編『渋沢栄一訓言集』図書刊行会）と、言っています。

木を植えることはまさに善事です。木を植え、木を育てることの意味をしっかり考え、子どもたちにも伝えていかなければなりません。

遠山　そう願いたいものです。産業が発展し、人間の生活がますます便利になっていくなかで、これから先、CO_2を減らすことは容易《ようい》にできるものではありません。水素燃料の時代が到来しない限り、CO_2はますます増えていきかねません。ですから、CO_2の増加分だけ木を植えて、森を作らなくてはならないのです。

もう少し詳《くわ》しく説明しましょうか。要するに、緑の葉が太陽の光を取り入れ、光合成《こうごうせい》がおこなわれる。そして、でんぷんのように有機物《ゆうきぶつ》を作る。しかしながら、そのままでは、光のエネルギーを人間に役立つエネルギーとして使用することができません。光のエネルギーを化学エネルギーに変えることによってはじめて、人間が利用することができる。その働きをするのが植物なのです。葉緑体《ようりょくたい》の中にある葉緑素が光のエネルギーをつかまえてくれるわけですね。

宮本　人類にとって森林の存在はそれほど重要であるにもかかわらず、現在、地球上から、毎年、北海道1個分（約940万ヘクタール）の森林が消えているとも言われています。

例《たと》えば、サハラ砂漠《さばく》も、かつては豊かな森林だったところが、気候の変動によってなくなってしまったと言われていますし、エジプトやメソポタミア、ギリシャなどの古代文明は、森と土を失ったことが大きな要因となって滅亡《めつぼう》したという指摘もあります。

松元　レバノンなどでは、船を造《つく》るために森林が伐採《ばっさい》されてしまったそうです。人口問題や様々な社会問題も引き起こしつつ、森林の伐採が進んでいます。

国連とタイアップして様々な支援活動

宮本　私自身の体験ですが、4年間にわたって、国連支援や平和運動など、世界市民としての観点からの活動に携《たずさ》わったことがありました。

遠山　いろんな方から聞くたびに感銘《かんめい》を深くしていますが、創価学会は、国連とタイアップして、さまざまな活動を行《おこな》っていますからね。

宮本　1988年（昭和63年）に創価学会青年部の難民救援《きゅうえん》募金を寄託《きたく》するため、

スイスのＵＮＨＣＲ（国連難民高等弁務官事務所）を訪れ、タンザニアに向かいました。長年にわたって内戦が続いたモザンビークから、多くの難民が戦火を逃《のが》れて、隣国のタンザニアへと避難《ひなん》していたからです。

タンザニアでは、ダルエスサラームから１０００キロぐらいの距離をプロペラ機で移動しました。空から見ると、地上のあちらこちらで煙《けむり》が上がっていて、焼《や》き畑《はた》をしていることがわかります。本来の焼き畑農業ではなく、営利目的で大規模な焼き畑が繰り返されており、こうした無理な焼き畑が、土地の劣化《れっか》や森林消失《しょうしつ》につながっている現状があるのです。

こうした過酷《かこく》な環境の中で、モザンビーク難民は1日1ドルで生命をつないでいました。また、水問題も非常に深刻《しんこく》でした。当時、乾期《かんき》でほとんど雨が降りませんでしたが、これが雨期になると、今度は洪水《こうずい》などに悩まされます。こうした中で水質汚《お》染《せん》の問題や資源管理システムを確立し、安全な水を確保することは難しい問題です。

遠山　先ほどの拙著《せつちょ》の中でも触《ふ》れましたが、森林は土砂の流出《りゅうしゅつ》を防ぐばかりでなく、水源林にもなります。

地中に張りめぐらされた木の根が水を貯《たくわ》えるのです。森林はいわば水の貯蔵庫《ちょぞうこ》であり、天然のダムのようなものです。森林を守り育てることは、水の循環系《じゅんかんけい》を守り、豊かにしていくことにもなります。

宮本　言ってみれば、かけがえのない生命の源泉《げんせん》なわけですね。生命を大切にするには森林を大切にすべきであり、環境を大切にしなければなりません。

松元　今、アフリカでワンガリ・マータイ博士たちが進めておられる「グリーンベルト運動」も有名です。「もったいない」という日本の価値観をアフリカで広げておられるともうかがっていますが、同じ女性として教えられることが多々あります。

杉本　マータイ博士の故郷《こきょう》はケニアです。森林が激減《げきげん》し、土壌《どじょう》が流出した結果、食糧生産の減少と貧困《ひんこん》が生じてしまったことが、彼女たちが立ち上がったきっかけでした。

加藤 やむにやまれない思いから、勇気を振りしぼって踏《ふ》み出されたのでしょうね。その第一歩が彼女たちが植えたわずか7本の苗木でした。

飯尾 それが、30年経った今日、有名な「グリーンベルト運動」となり、アフリカ各地に3000万本もの植樹《しょくじゅ》をもたらし、緑豊かな森林を生み出しているのです。

私が何よりも教えられるのは、木を植える運動を通して民衆の広範《こうはん》な連帯が広がったという事実です。「森の育成」は即「人間の育成」でもあったということですから。

宮本 マータイ博士は環境分野として初めてのノーベル平和賞を受けられました。そのマータイ博士が池田SGI会長と会談された折、教育の大切さを強調されていたそうです。私たちも肝《きも》に銘《めい》じたいものです。

遠山 同感ですね。私は、こういう時代において、「学校林を作ろう」といった発想《はっそう》が生まれてこないことが不思議です。

今、個人で山林を保有《ほゆう》している人たちの中には、「ただでもいいから、山林をもらってほしい」と考えている人が全国にたくさんいます。なぜなら、山林を保有しているだけで赤字になってしまうからです。

加藤　学校で森を持ち、そこで植林《しょくりん》などの体験学習をさせることは、非常に有益《ゆうえき》な活動だと思います。結果的に山林を保有しているが故に、悩んでいる人たちの苦悩を取り除くことにもなりますね。

遠山　かつて、私は数年間、お茶の水女子大学附属《ふぞく》小学校の校長を務めたことがあります。そこで、理科の教師から相談を受けて、「環境教育に関心をもたせるような教育」をしようと、埼玉県寄居町《よりいまち》の山林を借りて、児童に植林をさせたんです。大変に好評で、マスコミにも取り上げられました。

ですから、学校林を持ち、それをいろいろな形で利用することは21世紀の教育の一つと言えるのではないでしょうか。やろうと思えば必ずできます。こうした学校林で学習することによって、山林というものに対する興味や知識を持った人たちが、やがて社会に出て、環境問題に貢献《こうけん》する人間に成長するのです。

杉本 教育本部の女子青年教育者のメンバーから、さまざまな実践報告をうかがう機会があります。

「子どもにとって最大の教育環境は教師自身である」――。これが私たちのモットーですが、東京・豊島区で活躍している保育士の彼女は、勤務先の保育園にたくさんの木があったことから、「この環境の中で、園児たちに自然のよさを伝えたい」と、園内の16本の木にそれぞれニックネームをつけて、園児と木との触れ合いを通じて、自然とのコミュニケーションを広げているそうです。

池田SGI会長は、仏法《ぶっぽう》で説かれる「依正不二《えしょうふに》」について、「人間生命と環境は二つの現象として現れているが、それらは相互に密接に関係し合い、その本質においては不二の関係にある」「簡潔《かんけつ》に言えば、依報《えほう》である森羅万象《しんらばんしょう》も、正報《しょうほう》である人間生命の働きを離れてはありえないダイナミックで詩的な智慧《ちえ》を教えられています」と述べられており、私もこうしたとらえ方にとても感動しています。

松元　私自身の体験を通しても、自然の美しさに共感させること、自然に触《ふ》れるきっかけをつくり、啓発《けいはつ》していくことが大切だと感じます。

飯尾　私たちの学校では、２００２年（平成14年）に地域の潜在《せんざい》自然植生を生かした「ふるさとの森」として、「城北《じょうほく》の森」と名づけた森をつくりました。生態《せいたい》学《がく》的な方法を生かしながら、四季の変化を感得できる「いのちの森」の再生を目指した森です。私たちの住む町の高さ・温度・風などを生かして、本来、そこに生息《せいそく》する木々を110種類、547本植えました。当初、全校の生徒と教職員、学校関係者たちが地域の人たちと一緒《いっしょ》に植えたところ、それを聞いた地域の小学生たちがこの森にお弁当を持ってやってきて、環境学習をするようになりました。

その後、一緒に植樹《しょくじゅ》をした地域の人たちが、「今度は、私のポケットマネーで、もっと大きなものを作ってください」と申し出てくれました。それで、２００６年（同18年）には、「城北の森」の何倍も広い、そして、郷土《きょうど》を代表する川である天竜川《てんりゅうがわ》の上流にある土地に184種類、１０１８本の木を植えて、「みんなでつくるふるさとの森・佐久間《さくま》」という森をつくりました。この時には、市長をはじめ、地元の人々100名と市民400名、合わせて500名で木を植えました。「学校の森づくり」が、何と「地域の森づくり」にまで広がったのです。

遠山　大いに参考にすべき実践ですね。私が期待するのも、そのような広がりのある森作りです。

松元　生徒たちの様子はどうだったのでしょうか。彼らの成長ぶりや変化があったら、教えてください。

飯尾　生徒たちは森へ行ったりすると、本当に生き生きとして、何も言わなくても、自分の果たす役割を発見します。〝人間というものは、本来、森の中に生きていた〟という本能的《ほんのうてき》なものを見出すのではないかと感じられてなりません。自然と人間の大切な関係に気づいたと喜ぶ生徒もいました。

そんな生徒の姿を見るたびに、「森づくり」と「ものづくり」をモットーに、こうした活動をこれからも続けていきたいと心を新たにしています。

杉本　学校のそうした活動に対して、国際ソロプチミストから環境貢献賞《こうけんしょう》を受けられたそうですね。

飯尾　おかげさまで。生徒たちも喜んでくれました。

また、ライオンズクラブやロータリークラブなど地域の団体とも協力して、それぞれ年2回、環境教育の勉強会や講演会を開催することもできて、とてもいい方向に進んでいるという気がしています。環境教育というのは、地域を変革するうえでもインパクトのあるものではないでしょうか。

「環境権」は人間が持って生まれた権利

遠山　私はかつて、ある大学の福祉学科で教鞭《きょうべん》をとったことがあります。

その時に、「環境と福祉は直結《ちょっけつ》している」と大学生に教えました。「福祉施設の建物があり、そこで働く人々がいたとしても、それだけで福祉が成り立つわけではない」ということですね。その福祉施設の照明器具や建築材料、あるいは通風の問題、あるいは建物が建っている地域の周辺環境など、福祉といっても、あらゆる環境問題と関連しているのです。「環境と福祉をどう結びつけるか」ということを考え、「環境と福祉の仲立ち役として憲法が存在する」という結論に至《いた》ったのです。［図4］

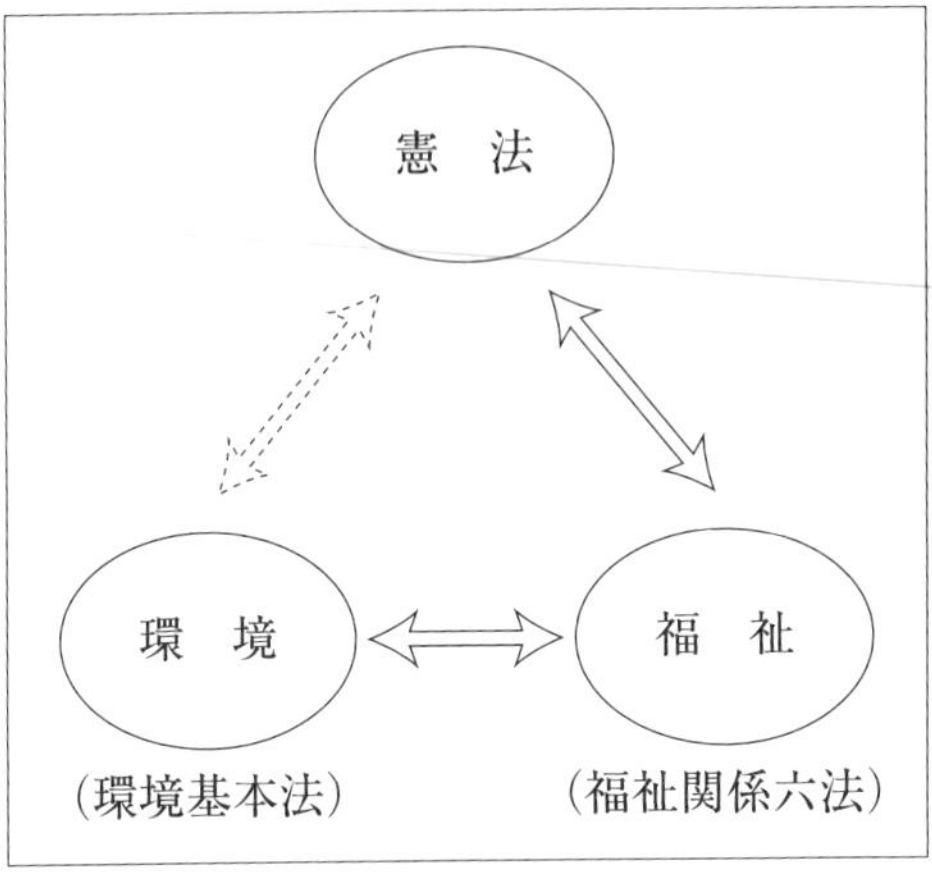

［図4］

日本国憲法第13条は「幸福追求《ついきゅう》権」、第25条は「生存権」を扱《あつか》っている条文です。第25条の基礎になっているのが第13条です。

飯尾　私も憲法は学んでいるつもりですが、たしか第25条の第1項には「すべて国民は、健康で文化的な最低限度の生活を営《いとな》む権利を有する」とありますね。そして、その生存権を保障《ほしょう》するための国家の義務について、第2項に「国は、すべての生活部面について、社会福祉、社会保障及《およ》び公衆衛生の向上及び増進に努めなければならない」と書かれています。

遠山　その通りです。すでに1947年（昭和22年）、憲法が作られた段階で、福祉や公衆衛生は憲法に明記されているのです。

しかし、残念ながら、環境のことは明記されていませんでした。国内各地で公害が多発《たはつ》したために、1967年（同42年）に「公害対策基本法」ができたのですが、これは公害を抑《おさ》えるための方規《ほうき》を書いただけでした。この中には福祉という言葉は一言も入っていません。

加藤　1993年（平成5年）に「環境基本法」というものが成立しましたね。

遠山　ええ。「環境基本法」の第1条には「この法律は、環境の保全について、基本理念を定め、並びに国、地方公共団体、事業者及び国民の責務《せきむ》を明らかにするとともに、環境の保全に関する施策《しさく》の基本となる事項を定めることにより、環境の保全に関する施策を総合的かつ計画的に推進し、もって現在及び将来の国民の健康で文化的な生活の確保に寄与するとともに人類の福祉に貢献《こうけん》することを目的とする」とあります。きちんと「福祉に貢献する」と明記されています。

松元　法律的な次元で、初めて福祉と環境が結びついたわけですね。

遠山　そうです。ところが、憲法と環境とは、いまだ結びついてはいないのです。日本国憲法が施行された１９４７年（昭和22年）当時は、まだ世界のどの国でも環境という意識はなかったんでしょう。

たしかに環境という言葉は明治時代の辞書にも載《の》っています。しかし、「環境が人類の生存にとって不可欠《ふかけつ》な要素である」とか「人類の生存にかかわる重要な問題だ」という意識などはまったくない。だから、世界のどの国の憲法を見ても、環境という言葉は一文も記されていないのです。

宮本　その延長《えんちょう》線上に、「環境権」が登場してくるわけですか。

遠山　その通りです。「環境権」――これは環境問題の原点です。「環境権」は、人間が本来、持って生まれた権利です。自然権にほかなりません。ですから、憲法を改正するのであれば、この「環境権」こそ、まず導入《どうにゅう》すべきでしょうね。

日本で初めての「環境権」をめぐる裁判は、１９７３年（昭和48年）、九州電力が豊前市に建設した火力発電所に対して、差し止めを求めて起こした訴訟《そしょう》でした。その後も、いくつかの裁判事例が出ていますが、最高裁も少しずつ、環境に対する考え方が変わってきていることがわかります。そろそろ日本でも、「環境権」が誕生する時が近づいてきているようにも感じます。

宮本　１９６０年代以降、新しく独立した国や憲法改正を行《おこな》った国の多くが、「環境権」や「環境享受権《きょうじゅけん》」というものを明記しています。ドイツやお隣《となり》の韓国などもそうです。

遠山　ですから、池田ＳＧＩ会長が、「平和提言」の中で、「憲法に環境権の規定《きてい》を」と提案され、「基本的人権としての環境権の確立」を訴《うった》えられたことを知って、「我が意《い》を得《え》たり」と心から賛同したものでした。

前にも述べましたが、環境問題というのは、政治や経済を離れては成り立ちません。池田SGI会長は社会科学・人文科学の分野における広い見識をお持ちですから、こうした「環境権」を憲法にうたうことの必要性に気づかれていたのだと思います。

「平和に生きる権利」と「原水爆禁止宣言」

宮本　よりよい環境の中で生きる権利である「環境権」や「環境享受権」もそうですが、地球上のすべての人に幸福に生きる権利があります。平和に生きていく権利があります。
創価学会は、牧口初代会長以来、一貫してそのことを主張し、それが満たされる社会の実現に向けて努力を重ねてきました。

飯尾　戸田城聖第二代会長が民衆の「生存の権利」を訴《うった》えられた「原水爆《げんすいばく》禁止宣言」はその代表的なものと言っていいですね。核の廃絶《はいぜつ》を叫《さけ》ばれ、「生存の権利」をおびやかすものはサタン（魔物）であると喝破《かっぱ》されました。

加藤　今年はその「原水爆禁止宣言」から50周年の意義深い年になります。

宮本　そうですね。1957年（昭和32年）の発表です。あの世界的に知られる「ラッセル・アインシュタイン宣言」は1955年（同30年）ですから、「原水爆禁止宣言」はその2年後になります。

杉本　「ラッセル・アインシュタイン宣言」も核廃絶を訴えたものですね。世界の著名《ちょめい》な科学者11人が署名《しょめい》しています。

松元　授業に関連する形で調べたことがありますが、核廃絶をめざす科学者の連帯である「パグウォッシュ会議」は、この宣言がきっかけとなって生まれました。会長、名誉会長を務められたロートブラット博士とパグウォッシュ会議には、1995年（平成7年）にノーベル平和賞が贈《おく》られています。

杉本 ロートブラット博士は「ラッセル・アインシュタイン宣言」に署名した科学者の一人でもあります。池田SGI会長との対談集『地球平和への探究《たんきゅう》』を編《あ》まれましたね。

宮本 ええ。パグウォッシュ会議と池田SGI会長の親交《しんこう》は深いものがあります。ロートブラット博士の後を受けて会長をされたインドのスワミナサン博士も池田SGI会長と会談されました。「緑の革命」を成《な》し遂《と》げた世界的な農学者でもありますが、このように語っておられたことが忘れられません。

「私は、ラッセル、アインシュタイン、そして戸田城聖という3人の人物を、同列の人物、時代を先取りした人物であると見ています。『ラッセル・アインシュタイン宣言』と、わずか2年後になされた『原水爆禁止宣言』は、共通する平和の精神に貫《つらぬ》かれています」（2005年7月25日、広島でのインタビューで）

遠山 核廃絶は人類の悲願《ひがん》です。池田SGI会長は「戸田先生が叫ばれた『生存の権利』という言葉は、世界の民衆の『平和的生存権』すなわち『平和に生きる権利』を意味しています」と述べられたそうですが、私も同感です。「平和的生存権」の主張は、民衆の幸せと世界の平和を願う宗教者だからこその卓見《たっけん》だと思います。それは、「環境権」と同じように本来、人間が生まれながらに持っている権利、つまり「自然権」にほかなりません。

宮本　ロートブラット博士は、池田SGI会長に人類の未来を託《たく》されていました。「日本は『核兵器の廃絶《はいぜつ》』の先頭に立って戦ってほしい。そして池田会長に、そのリーダーシップをとっていただきたい。『戦争の廃絶』のためのリーダーシップをとっていただきたい」（「聖教新聞」2000年2月11日付）と。

飯尾　日本は世界で唯一《ゆいいつ》の被爆国《ひばくこく》ですから、核廃絶を世界に発信していく責任があります。

この「核兵器の問題」と同様に「地球温暖化問題《おんだんか》」についても世界の安全保《ほ》障《しょう》の上での最重要課題として、取り組むべきであると考える国々がヨーロッパを中心に多くなってきています。こうした問題もそうですが、今、私たちの身近《みぢか》な学校現場で憂慮《ゆうりょ》されているいじめもそうですが、誰人といえども、「生命の尊厳《そんげん》」「生存の権利」を侵《おか》すことはできないということを、教育の現場では何よりも浸《しん》透《とう》させていかなければなりません。

「非暴力」を教えることが環境教育の急所

松元　横浜市にある戸田平和記念館で、「原水爆《げんすいばく》禁止宣言」を叫《さけ》ぶ戸田第二代会長の映像を見て、深く感動したことを折《おり》に触《ふ》れて思い出します。

私は、２００１年（平成13年）に授業で難民《なんみん》の問題を取り上げました。まず、パネルをたくさん作って、子どもたちに難民の現状を知らせました。そして、子どもたちができる範囲《はんい》で、アフガニスタンに支援をしていこうという取り組みをしたのです。

「ピースパック」といって、難民の子どもたちがふだん使う学用品や生活に必要なタオルなどを詰《つ》め込んだパックを最終的に85袋くらい用意して、UNHCR（国連高等難民弁務官事務所）を通じて、アフガニスタンに送りました。

加藤　パックに入れる支援物資《ぶっし》を集めるのは大変だったでしょうね。

松元　ええ。特に歯みがき粉《こ》などはそうでした。

飯尾　歯みがき粉など、一般の家庭にたくさんはありませんからね。大量に集めるのはしんどいですよ。

松元　大変は大変だったのですが、問題にぶつかる中で、子どもたち自身がインターネットを使って、企業に連絡をとって事情を説明し、企業から品物を送ってもらうほどの熱意《ねつい》に変わってきました。

実は、この学年はものすごく荒《あ》れていたんです。5年生の時に学年の半分が学級崩壊《ほうかい》していて、私は転勤してすぐに、6年生の彼らの担任になりました。もう、子どもたちの間で、「バカヤロー」とか「死ね！」とか非常にひどい言葉が飛び交《か》っていたので、「何かこの子たちを変えられるものはないだろうか」と考え、総合学習で平和をテーマにして学びはじめたのです。

そうした最中《さなか》、9月11日にアメリカで、あの同時多発《どうじたはつ》テロが起きました。それをきっかけに、「難民《なんみん》体験」をしました。

杉本 えっ⁉「難民体験」ですか？

松元 はい。自分たちが難民になったという状況を設定し、「今すぐにここから逃《に》げなくてはいけない。いろいろなものを持って行くけれども、途中《とちゅう》、いくつもの関所がある。国境を越える時とか、船に乗る時などに、いろんなものを捨《す》てて行かなくてはならない」と、捨てるものを子どもたちに選《えら》ばせました。

加藤 素早《すばや》い判断が要求される場面設定ですが、子どもたちはどうでしたか？

松元 いろいろ悩んだようですが、皆、最終的にお金よりも水を選んだんですね。「なかなかわかっているな」と、心の中で喝采《かっさい》を送《おく》りました。

こうした授業を展開していくうちに、それまで悪口や怒号《どごう》が飛び交っていた子どもたちが、〝他人のために何かをやっていこう〟という姿に変わっていきました。〝こんな自分でも他人のために何かができるんだ〟と体験できた子どもたちは、大きく成長してくれ、1年後には、正しい判断のできる子どもたちとして卒業していってくれました。本当にいい思い出です。

飯尾　その後の様子はどうでしたか？　後日談というか、何かエピソードがあれば……。

松元　難民《なんみん》支援に取り組んだ生徒たちは、今は高校生になりました。「私は今、高校でネパールの人々の支援をしています」という報告をしてくれた子もいます。小学校時代に皆で取り組んだ「他人のために」という行動が生命に焼《や》きついて、高校でもこうした活動を続けているのだとうれしかったですね。

宮本　先ほども紹介したようなタンザニアキャンプに避《ひ》難《なん》していたモザンビーク難民に加えて、パキスタンのペシャワル地域のキャンプに避難していたアフガン難民を視《し》察《さつ》する機会がありました。

1979年（昭和54年）12月にソ連軍がアフガニスタンに侵《しん》攻《こう》したことによっ

て、パキスタンをはじめ、近隣諸国に難民が流れ込んでしまい、その後、ソ連軍が撤退《てったい》してからも派閥間《はばつかん》の内戦が続いたため、難民は急増を続け、300万人を超《こ》えるアフガン難民がパキスタンへと避難してきたわけです。

ジハード（聖戦）と呼ばれる戦争で、尊い人命《じんめい》が失われている中での視察だったのですが、本当に残酷《ざんこく》な光景、過酷《かこく》な環境のなかで生きる人々の姿を見てきました。

日本という恵まれた環境とは隔絶《かくぜつ》した、非常に厳《きび》しい現実を目にして、あのような環境の中で生きるということがどれだけ大変であるか、戦争と暴力《ぼうりょく》こそ最大最悪の環境の破壊《はかい》であると実感しました。

加藤　非暴力主義を貫いたガンジーのことが思い起こされますが、同じインドの方だからでしょうか、先述のパグウォッシュ会議のスワミナサン博士は、昨年出版された池田SGI会長との対談集『「緑の革命」と「心の革命」』のなかで「環境教育で第一に大切なことは『非暴力を教えること』である」と主張《しゅちょう》されていました。

池田SGI会長も、「そこに環境教育の急所《きゅうしょ》があると考えています」と応じられていましたが、お二人が語り合われたように、慈悲《じひ》や共生や非暴力《ひぼうりょく》の精神を広げる「心の革命」こそ、「緑の革命」を含《ふく》めた「地球革命」の出発点になっていくのではないでしょうか。

松元　「難民問題《なんみんもんだい》」は「平和」ともつながっています。今は、総合学習で「生命の尊厳《そんげん》」を題材として取り上げ、「生命の大切さ」ということを学んでいます。「今、地球がどうなっているか」「世界で何が起きているか」ということを、どんどん子どもたちに教えていくことが大事だと思います。

「地球温暖化《おんだんか》」や「難民問題」といったさまざまな事実を子どもたちに知らせ、考えさせていく。そして、最終的には、子どもたち自身が「自分たちにできることとは何か」をとらえ、行動していく力を培《つちか》えるかどうか、が重要ではないでしょうか。

未来を担う子どもたちを「世界市民」に

宮本　CO_2をはじめ、温室効果ガスの排出《はいしゅつ》を抑《おさ》えようと、1997年（平成9年）に議決した「京都議定書」にしても、アメリカや発展途上国《とじょうこく》は締結《ていけつ》していない状況で、なかなか世界の足並みもそろっていません。こうした中で、やはり国家という枠組みではなく、地球環境に危機《きき》意識を持った一人ひとりが立ち上がって地球環境を守り、後世に伝えていくために、まず自分の生活から変えていこうという意識変革が必要だと思います。

省エネという意識を高めていくこと、「持続《じぞく》可能な開発《かいはつ》」ということがどれだけ大事なのか、発展途上国が発展していく権利、生活を豊かにするという観点と環境を守るという観点をどう折《お》り合いをつけていくのか。先進国と途上国の間での落差《らくさ》。こうした地球という全体観に立った生活のあり方を模索《もさく》しなくてはなりません。

加藤　池田SGI会長が発表された「環境提言」には、「世界教育者サミット」――世界各国の政策担当者だけでなく、教育現場に携《たずさ》わる人たちが互いに環境教育への取り組みを紹介し合い、意見交換するための国際会議――の開催を提案されています。

宮本　そうした点で、世界市民という視点に立った人材をどれだけ育成していけるかが大切になってきますし、そういう意識を持った教育者の存在は重要です。

杉本　地域や立場は異《こと》なったとしても、教育者がそれぞれ手を携えて、こうした意識を高めていくことがポイントだと思います。そういう意味で、一人ひとりの教育者の行動というのは、小さいようだけれども、それが積み重なっていったときに大きな力を生むのではないでしょうか。

宮本　10年ほど前のことになりますが、アメリカのコロンビア大学ティーチャーズ・カレッジ（教育大学校）に招かれた池田SGI会長が「『地球市民』教育への一考察」と題する講演を行《おこな》ったことがあります。

松元 全米の教育大学ランキングでもトップの名門ですね。あの20世紀を代表する哲学者ジョン・デューイ博士も同カレッジで教鞭《きょうべん》を執《と》っています。

加藤 デューイ博士の教育哲学については、牧口初代会長も非常に尊敬していました。そのことは、1930年（昭和5年）に発刊された『創価教育学体系』にも明らかです。

宮本 そうですね。講演でも国家を超《こ》えた人間教育を志向《しこう》したデューイ博士と牧口初代会長の共通した考えに触《ふ》れながら、「地球市民」教育への期待を語られたわけですが、私はこの中で示された「地球市民」像に、私たちが育《はぐく》むべき環境教育を進める「世界市民」の大きなヒントがあるととらえています。〔図5〕

杉本 1項目の「生命の相関性《そうかんせい》を深く認識しゆく『智慧《ちえ》の人』」などは、特にそうだと思います。

遠山 先ほど木を植える大切さを語り合った中でも出てきましたが、森を守り、

地球市民とは

一、生命の相関性を深く認識しゆく「智慧の人」
一、人種や民族や文化の“差異”を恐れたり、拒否するのではなく、尊重し、理解し、成長の糧としゆく「勇気の人」
一、身近に限らず、遠いところで苦しんでいる人々にも同苦し、連帯しゆく「慈悲の人」

［図5］

森を育てることは、水の循環《じゅんかん》を守ることであり、地球上の生きとし生けるものを関係性の中でとらえていくような価値観を持つということです。

池田SGI会長が提示《ていじ》されたような「生命の相関性」を知る英知《えいち》の輝きが、我々大人にも、そしてこれからの世界を担《にな》う子どもたちにも求められるのだと思います。

飯尾　今おっしゃった価値観、人間観ということで言えば、戸田第二代会長の地球民族主義も共通するものがあります。

戸田会長はこう言っています。

「一国を越《こ》え、一民族を越え、人類という見地から、一人一人が地球民族、世界民族としての自覚を持つ時、おのずと争いのない平和な社会が現出《げんしゅつ》するにちがいない」——と。

松元 宇宙から見た地球には、国境などありませんから。

杉本 幼い子の生命にも、人を差別するような心情《しんじょう》はありません。どこに住んでいようと、人間は人類であり、地球市民、世界市民であると大人たちが自覚するならば、世界の様相《ようそう》は間違いなく変わってきますね。

宮本 私たち教育本部が掲《かか》げる青少年観の一つに、「すべての子どもは心を結ぶ世界市民」を挙《あ》げています。そして、そうした「世界市民」を育てる教育者のあるべき姿を描いたものが、4項目から成る教育者像です。〔図6・図7〕

加藤 「心を結ぶ世界市民」を育てるには、教育者自らがまずもって「世界に学び友情を結ぶ信頼の人」であることが求められますね。

宮本 その通りです。その一つとして、「地球市民」の育成にとって、足元の〝生活の場〟こそがその出発点となるというデューイ博士と牧口初代会長に共通する卓見《たっけん》に目を向ける必要がありますね。

飯尾　先ほども触《ふ》れたように『人生地理学』には、「子どもたちは郷土《きょうど》の中で無意識のうちに様々なことを学習し成長することができる」と述べられています。郷土という私たちの足元にある〝生活の場〟は、人間を形成する強い教育力を持っているのです。私自身、森づくりを通して〝すべての木が大地にしっかりと根を張り、自然の恵《めぐ》みを得《え》て育っていくように、学校が地域の人々に信頼され、地域の教育とつながっていく中で初めて生きた教育が可能になる〟と考えるようになりました。

松元　まさに「家庭と地域の教育力を強める貢献《こうけん》の人に」ということですね。

宮本　牧口初代会長は、『人生地理学』の中で、「世界のあらゆる事象《じしょう》というものはつながっている」「自分の着ている衣服は南アメリカやオーストラリアの羊毛《ようもう》

「私たちの青少年観」

一、すべての子どもは生まれながらにして尊厳
一、すべての子どもは生きる力に満ちている
一、すべての子どもは創造性のかたまり
一、すべての子どもは心を結ぶ世界市民

［図６］

を原材料として、それをイギリス人が洋服に仕立て、さまざまなかたちで私たちの手元にきている」と記され、人間社会の営《いとな》みと地理の関係、そして自然との共生、さらには世界市民の自覚をうながす新しい世界観を表されています。

まさに、環境教育に携《たずさ》わる教育者の根底《こんてい》に、そういう意識がないといけないのではないでしょうか。

加藤　中学校の中には、いろいろな問題が山積《さんせき》しておりり、まさに社会の縮図《しゅくず》であるように思います。遠山

［図7］

「世界市民を育てる教育者」

一、全ての子どもの可能性を開く　愛情の人
一、人格と教育技術を磨く　智慧の人
一、家庭と地域の教育力を強める　貢献の人
一、世界に学び友情を結ぶ　信頼の人

先生より、「環境とは、あらゆる分野に関連した人間学のことである」とお話がありましたが、池田SGI会長は、「仏法では、すべての人間の中に、『善性《ぜんせい》』と『悪性《あくせい》』がともに潜在《せんざい》していることを教えている。したがって、どのような人であったとしても、その人に備《そな》わる『善性』を信じ、見いだしていこうという決意

が大切である」（1996年6月13日、コロンビア大学ティーチャーズ・カレッジでの講演）と述べられています。

最近の中学生は自尊《じそん》感情が乏《とぼ》しいと言われますが、自分の中にすばらしい善性《ぜんせい》があることに気づいていないのです。自分自身を尊重し、自分に誇《ほこ》りが持てれば、他人を尊重し、思いやる気持ちも自《おの》ずから強まっていくことでしょう。

私も前任校での樹木《じゅもく》を通した活動を地域にも広げていこうと、昨年「思いやり社会を目指しヒトツバタゴを植樹《しょくじゅ》する会」という、環境ボランティア団体を発《ほっ》足《そく》し、植樹活動を始めました。はじめに紹介したように「思いやり」をテーマに、樹木を題材とした映画を作ったり、啓発《けいはつ》・掲示コーナーを設置したり、生徒会の愛唱歌の制作や樹木の自生地との交流、短歌づくりなどを行《おこな》ってきましたが、これからも「思いやり」を持った人間の育成を志向しながら、環境教育に取り組んでいきたいと思っております。

飯尾　福祉と環境について遠山先生のお話をうかがい、かつてスウェーデンやデンマークなどを視察《しさつ》した際に、「環境先進国というのは、福祉に対しても、〝共生の哲学・思想〟というコンセンサスがとれているな」と感じたことを思い出しました。

環境教育を進めていきますと、必ず社会とのかかわりにいきあたります。ですから、私は、「教育の場から社会に対してメッセージを送れたらいいな」と、新聞による環境教育（NIE：Newspaper In Education）や「環境教育新聞」（年1回、A3判・カラー8ページ、7000部発行）にも挑戦し、地域社会に情報を発信しています。

加藤 「本来、教育のニュースというのは事件や事故ではなく、子どもたちのがんばっている姿を伝えるような夢のある明るい話題でなくてはならない。それこそが、本来のニュースの姿であるべきだ」という思いから、私は広報活動に取り組み、新聞などでも取り上げてもらうように努力してきました。

こうした環境への取り組みというのは、地域社会を巻き込んだダイナミックな活動になる可能性があると感じています。

松元　学校林を持つというお話にも大きな触《しょく》発《はつ》を受けました。というのも、私は、「日本で私たちが使っているわりばしが、海外の木を伐《ばっ》採《さい》して作られている」ということを子どもたちに伝えながら、身《み》近《ぢか》にできることとして、「わりばしを使わないようにしようね」などと語ってきたからです。

もっともっと大きな視点に立って環境問題を考えていかなくてはならないということを感じました。これからさらにしっかり勉強し、実践していくつもりです。

杉本　一つ一つの自然科学分野の知識を点で終わらせないで、人文的・社会的分野へと、線で結んでいくことが環境教育だという視点を学ぶことができました。と同時に、池田SGI会長があらゆる分野の大学・学術機関から200を超《こ》える名誉称号を贈《おく》られたのは、池田SGI会長の「人間学」というものが、自然科学・人文科学・社会科学というすべての分野につながっているからなのだと、改めて感じました。

三代の会長に共通する人類貢献の精神を世界に！

宮本　創価学会では、これまで三代の会長が、「生命尊厳《そんげん》」と「人類共存」という視点からさまざまな思想・理念を社会に発信してきました。なかでも、池田SGI会長は、「世界市民を創出《そうしゅつ》する教育」ということを提案され、世界の1600名を超える識者と対話をするなど、世界の平和と人類の共生のための試《こころ》みを進めてこられました。

私たち教育本部としても、これらをさらに学び直して、教育の世界で還元《かんげん》していくための決意をし合いたいと思いますし、また、今後の教育のあり方を模索《もさく》し、環境教育を大きく推進していかなくてはなりません。

遠山　池田SGI会長には、私も何度かお会いして、お話をする機会がありました。若い人たちを大切にされる謙虚《けんきょ》なお人柄に感銘《かんめい》を受けるとともに、人間としてのスケールの大きさを感じたものでした。

その池田ＳＧＩ会長が、世界の知性の府から200を超《こ》える名誉学術称号を受けられたことは、誰にも否定できない事実です。これは、誰が考えても到底《とうてい》、真似《まね》のできない壮挙《そうきょ》でしょう。時代を画《かく》する偉業《いぎょう》だと私は思います。

宮本　私がお会いした亜細亜大学の神澤有三名誉教授も、そのことを高く評価され、世界に向かって教育と学術交流の道を開かれる池田ＳＧＩ会長に対して、これからも世界の知性の殿堂《でんどう》からの栄誉が贈《おく》られていくことでしょうと語っておられました。

祝福の歌もいくつか詠《よ》まれたのですが、その一つは、私たちも心に留《とど》めたいものでした。ちょっと紹介しておきましょう。

一本の　おさな木植える　こころこそ　そは教育の原点なるべし

飯尾　教育の本質をズバリと突《つ》いていますね。「地球的規模で考え、地域で行動を！（Think Globally Act Locally）」という有名なローマクラブのスローガンがありますが、今、私たちに望まれるのは、「地球的に考え、地域的に行動していく」ことではないでしょうか。私は「地球温暖化《おんだんか》」を含《ふく》め、世界のことを考え、地域に貢献《こうけん》できる子どもたちを育成していきたいと思っています。

また、工業高校ですので、公害問題や省エネへの取り組みなども含め、日本のこれまでの自然や環境へのあり方を見つめ、新エネルギーや環境保全等の関連技術で、我が地域から、中国・韓国などと交流し、そしてアジアの国々へと貢献することができたら、きっと世界を変え、平和を作っていく力になれるのではないかと思っています。私は、平和な世界をつくっていけるような環境教育に取り組んでいきたいと心より願っています。

遠山　生徒を指導すべき現場の先生方が、環境権をはじめ、環境に関する高い見識を持っていい教育をしていただきたいと思います。また、牧口・戸田・池田の三代の会長に共通する平和・文化・教育への熱き思いを皆さんが受け継《つ》ぎ、人類に貢献する「世界市民」の輩出《はいしゅつ》に心を砕《くだ》いてほしいですね。

宮本　遠山先生から貴重なご意見をいただきながら、さまざま語り合うことができました。環境問題と一言でいっても、先進国と発展途上国では、課題もちがいますが、何よりもそれらがすべてつながっているという認識に立つことが望まれます。そういう意味で、「眼《まなこ》をひらく」ことが重要ですし、自分自身がどう行動していけば、〝持続可能な開発〟が成し遂《と》げられるのかという問題意識を持ち続けることが大事です。

特に、遠山先生がおっしゃったように、自然科学・人文科学・社会科学という観点から環境をとらえるとともに、人間をどう見つめていくのかが大きなポイントではないでしょうか。人間と自然との共存を志向できる人格《じんかく》、世界市民として人類に貢献していける自立した一人ひとりを育てる教育のあり方がベースになっていかなくてはならないと思います。

第3章

環境教育実践事例

――生命の連関性を知る「世界市民」の林立を

この章では、教育本部の環境教育実践事例２万５０００件を記念し、日々の教育現場より寄せられた優れた実践記録のなかから７本を収録しています。

なお、文中、登場人物の名前及びイニシャルはすべて仮名です。

グラウンドを泳ぐぼくらのクジラ

北海道・小学校教諭　伊藤　修

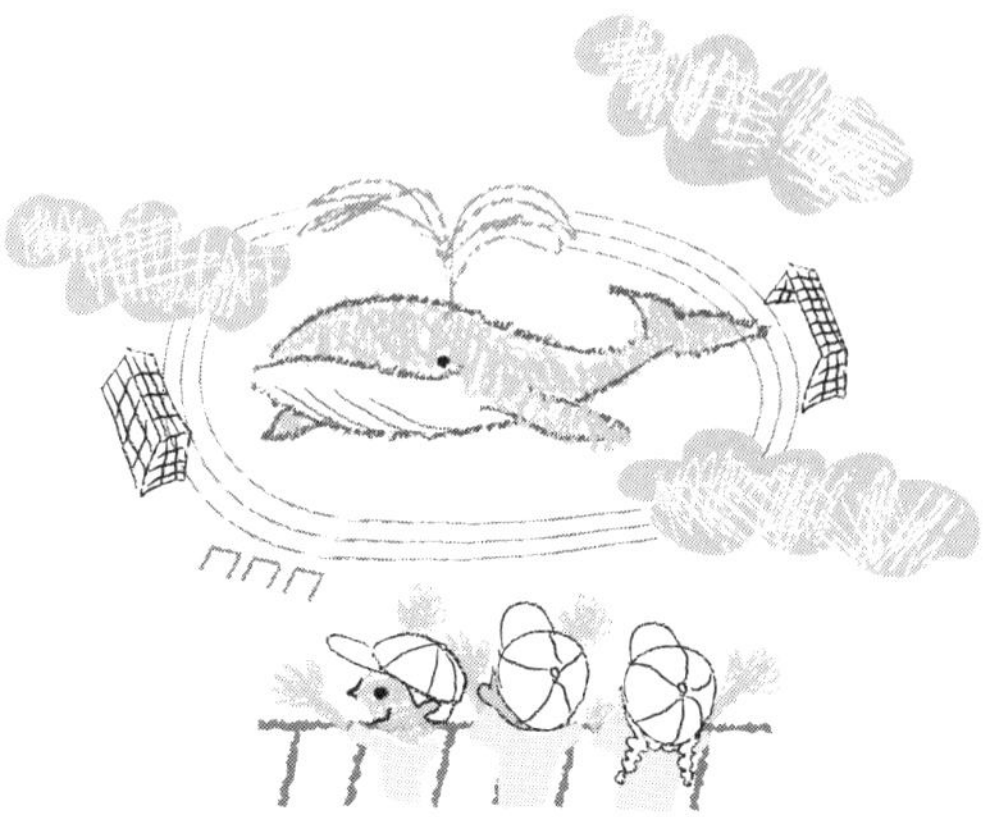

生まれ故郷《こきょう》の千葉県から、教師として胆振支庁《いぶりしちょう》の小学校に赴任《ふにん》して11年が過ぎました。

室蘭《むろらん》の港が一望できる測量山《そくりょうざん》の中腹《ちゅうふく》に位置する小学校に勤務していた時のことです。赴任して数年後の学年末のある日、私は校長先生から、「伊藤先生、ちょっと相談があるのですが」と呼ばれました。新年度の担任の話でした。

「今度、2年＊組を持ってくれないでしょうか」

話を聞くと、毎日けんかが絶《た》えず、授業中の立ち歩きや私語《しご》がおさまらず、教師の話をほとんど聞かない、といういわゆる「学級崩壊《ほうかい》」寸前《すんぜん》の状態でした。「君《きみ》しかいないから」と、有無《うむ》を言わさずそのクラスの担任となったのです。

2年生18人のクラスです。小学校の低学年は、何より、「先生を好きになってもらえるかどうか」――それが、一番のカギです。

始業式《しぎょうしき》。初めての顔合わせの時、私は、クラスの子どもたちに、「こういうクラスにしよう」と語った後、「今度は、みんなが先生にしてほしいことを書いてください」と言いました。

一番多かったのは「一緒《いっしょ》に遊んでほしい」、2番目は「勉強は、楽しくしてほしい」ということでした。そこで、まず、「極力《きょくりょく》、子どもたちと一緒に遊び、『ほめ言葉』をたくさんかけよう」と心がけました。

授業の合間《あいま》の休み時間や昼休みなど、時間を見つけては一緒にキャー、キャー、遊ぶようにしました。鬼《おに》ごっこ、リズム遊び、ドッジボール……。大学時代から、サークルで「子ども会」活動をしていたため、子どもたちとの遊びの「引き出し」は、たくさん持っていました。それに何より、私自身が、子どもたちと遊ぶのが大好きでした。

また、1年生の時の勉強がわからないという子どもには、校長先生にお願いして、夏休みや冬休みに時間をとって勉強もしました。

そんな中で迎えた授業参観《さんかん》日。授業を終えた後の保護者《ほごしゃ》会では、「先生、何をどうされたのですか?」との声が多く寄せられたのです。

「何のことですか？」と聞き返すと、「子どもたちが座《すわ》って授業を受けていたので、驚《おどろ》いてしまった」と言うのです。

1年生の時には、教室の中で立ち歩く子どもたちが多く、ほとんど授業にならなかったのに、今回、見《み》違《ちが》えるように変わったと、感動していたようでした。

◇　◇

やがて、3年生になり、このクラスで取り組んだのが、「クジラ・イルカがくる町」と題《だい》した総合的な学習です。

先生方と話し合い、「郷土《きょうど》のすばらしさを学ぶものに」と考えていたところ、「クジラやイルカが見られる室蘭のような町は、全国的にもめずらしい」と話題になり、早《さつ》速《そく》、取り組むことにしたのです。

前年に、噴《ふん》火《か》湾《わん》海洋動物観《かん》察《さつ》協会《きょうかい》の方を招《まね》いて講《こう》演《えん》をしていただいたことも、子どもたちの関心を深める要因となっていました。

「クジラ」「イルカ」と聞いて、子どもたちは、やる気満《まん》々《まん》です。

「この線はちがうね」。グラウンドに引いたマス目にそって実物大のクジラを描く作業もいよいよ最終段階

「クジラって、どれくらい大きいの？」

「イルカって、かわいいね！」

早速、図鑑《ずかん》でクジラやイルカのことを調べて持ってくる子もいました。

そこで、最初に取り組んだのは、「実物大《じつぶつだい》のクジラを描いてみよう」ということでした。学校のグラウンドを使って、優《ゆう》に30メートルはある実物大のシロナガスクジラを描くのです。

クラスのみんなと相談して、まず、グラウンドにタテ・ヨコ1メートルの四角《しかく》のマス目を描き、グラウンドを方眼紙《ほうがんし》のようにしました。その後、描く部分を班ごとに分け、設計図に沿《そ》って、石灰《せっかい》入りの「ライン引き」で描くのです。
その中心者となった明男君は、1年生の時、学級崩壊《ほうかい》寸前までいったクラスで、トラブルの中心となっていた存在でした。元気いっぱいなのはまだしも、元気さのあまり、少々あばれん坊《ぼう》なのです。それまでも、班に分かれて何かするたびに、明男君がケンカを始めるのが日常茶飯事《にちじょうさはんじ》でした。ある時には、イスを投げつけたこともありました。

そんな明男君でしたが、一緒《いっしょ》に遊び、一緒に学ぶ中で、少しずつ心を開き、成長の姿を見せていました。正直《しょうじき》、〝大丈夫《だいじょうぶ》かなぁ……〟と不安もありましたが、始めてみると私の不安は一掃《いっそう》されました。明男君はグループの中心となって声を出し、みんなと協力して、ものの30分で全長《ぜんちょう》30ｍのシロナガスクジラの絵をグラウンドに描いてしまったのです。しかも、みんなに、「ライン引き」の使い方を、率先《そっせん》して教えてあげていました。

◇　◇

完成した大きな30mのシロナガスクジラ。自分たちが描いたクジラに大満足。クジラのおなかに包まれ記念撮影をしたいな

「えーっ！　クジラって、こんなにでかいのかよ」「これじゃあ！　人間も食われてしまうね」と、クジラの口の部分に寝転《ねころ》がって、食べられたまねをする子など、和気《わき》あいあいの授業となりました。

この経験は、子どもたちの心に残ったようで、学校でも家でも、しばらくクジラの絵の話で持ちきりになりました。

さらに、次の週には、噴火湾《ふんかわん》海洋動物観察《かんさつ》協会《きょうかい》の方を講師《こうし》に迎えて、クジラやイルカの生態《せいたい》や環境とのかかわりについての話を聞きました。

写真パネルやイルカの鳴き声、とりわけクジラ・イルカウォッチングの映像《えいぞう》は、子どもたちも興味津々《きょうみしんしん》でした。

話の中で、噴火湾《ふんかわん》が世界でも有数《ゆうすう》のイルカの生育地《せいいくち》であることや、多くのイルカが海上に投棄《とうき》されたゴミや油《あぶら》などのためにケガをしたり、ホルモン異常《いじょう》になったりしていることを、子どもたちは初めて知ったのです。なかんずく、人間が捨《す》てたスーパーのレジ袋が赤ちゃんイルカの体に巻《ま》きつき、成長するにつれ体にくい込み、血を流して苦しんでいる写真は、子どもたちの心に言葉では伝え切れないほどのメッセージを残したようでした。

「クジラやイルカのために、何かしたい！」という子どもたちの思いが強くなり、意見もどんどん出てきました。そうした中で、「海を汚《よご》さないで！」と訴《うった》えるポスターやチラシを作成し、町に貼《は》ったり、市民に配《くば》ったりしようと、みんなの意見がまとまったのです。

ポスター8枚、チラシ250枚は、すべて手作りです。子どもたちは、自分たちの思いを伝えるために一生懸命《いっしょうけんめい》、取り組みました。子どもたちがポスターを作っている間、私は放課後、地域の公共施設《こうきょうしせつ》やお店などに出向《でむ》き、一軒《いっけん》一軒貼ってもらえるよう、お願いして回りました。子どもたち自身も、市立図書館や近くのスーパーや雑貨屋《ざっかや》さんなどに直接、お願いに回りました。

こうした波動《はどう》が広がり、地元の新聞社から、「ぜひ、３年生のクジラの学習の様子を、シリーズで連載《れんさい》させてもらいたい」との依頼《いらい》が来たのです。市民の８割が読んでいる地元新聞だけに、大きな反響《はんきょう》が広がりました。

子どもたちの取り組みはさらに続きました。チラシを置いてもらっているお店をたびたび訪れ、減《へ》り具合《ぐあい》をチェック。あまりチラシが減っていないと見るや、「先生、チラシが減っていないよ。もっと目立つようにしよう」と、ハデハデな手作りの箱を作ったりもしました。

また、「チラシは街《まち》の人が見るだけだから、これだけじゃ海はきれいにならないよ！　釣《つ》りをしている人や、海で働《はたら》いている人に知ってもらうためには、海に看板《かんばん》を立てなきゃ！」と、今度は、看板作りにも挑戦。教室中が大工道具やダンボールでいっぱいになり、工事現場のような教室に変貌《へんぼう》し、放課後に見回りに来た教頭先生に注意されそうなほどのすごい状態でした。

◇　◇

こうして作り上げた箱や看板を設置してから数日経《た》ったある日、私は校長先生に呼ばれました。「海の近くに、勝手《かって》にバンバン看板を立てたのはまずかったかなぁ」と、半《なか》ば怒《おこ》られるのを覚悟《かくご》で、校長室に向かいました。

すると、校長先生から、思いがけない言葉でした。

「海上保安庁《かいじょうほあんちょう》の部長さんから連絡があって、『海洋汚染防止《おせんぼうし》の活動を展開《てんかい》している子どもたちがいることを知りました。ぜひお礼をしたいので、〈うみまる君〉というぬいぐるみのキャラクターを連れて、今日、学校にうかがってもいいですか？』ということなんだけれど……」

ホッと胸をなでおろすとともに、早速《さっそく》、クラスのみんなに伝えました。みんな、大喜びです。〈うみまる君〉とは、アザラシをモチーフにした、海上保安庁のマスコットキャラクターです。

「あっ、うみまる君が来た～」――。子どもたちの歓声《かんせい》に、教室の窓から外を見ると、うみまる君がタクシーに乗ってやって来ました。後部座席《こうぶざせき》に押し込められていたうみまる君は、頭がでかく、身長《しんちょう》が２ｍ近く、横幅《よこはば》もあって、頭がドアにつかえてなかなかタクシーから出てこられない様子でした。海上保安庁の方たちに助けられて、やっとタクシーを降《お》りたうみまる君が、部長さんと一緒《いっしょ》に教室にやってきました。割《わ》れんばかりの歓声と拍手《はくしゅ》で出迎《でむか》えました。

「海を大切にしてくれてありがとう！」

お礼を言われた子どもたちは、誇《ほこ》らしげでした。帰りも、うみまる君は、周《まわ》りの人の手を借《か》りて階段を降り、タクシーに押し込められて帰っていきました。

◇　◇

私たちの実践《じっせん》は、噴火湾《ふんかわん》海洋動物観察協会《かんさつきょうかい》の会報《かいほう》にも紹介され、全国の１、０

00以上ある科学館・水族館・図書館などの教育文化施設に、リーフレットが配布されたのです。学校に多くの問い合わせが寄せられ、作文・絵画・版画の全国コンクールにも相次いで入賞するなど、一つのことをやりきった自信が子どもたちの可能性を次々と開かせていったのです。

教育を意味する「エデュケーション」には、「引き出す」という意味があります。これからも、子どもたちの無限《むげん》の可能性を引き出していける教師をめざして懸命《けんめい》に努力していきます。

PROFILE

いとう・おさむ／千葉県出身。創価大学教育学部を卒業し、1995年（平成7年）から小学校教諭に。現在は、北海道室蘭市内の小学校に勤務。児童から「おさむ先生」のニックネームで親しまれている。2003年（同15年）には、北海度教育公務員弘済会の教育研究論文コンクールで準特選に入賞。「何が正しくて何が悪いのかが見えにくい今の世の中で、誇りを持って自分の信念を語れることに喜びを感じる」というおさむ先生。子どもたちの可能性を引き出していける教師を目指し、北の大地で日々、奮闘している。

共に学び、共に育む地域と学校

長野・中学校教頭　小室邦夫

「この3月の卒業式に出席しましたが、悲惨《ひさん》でした。警官《けいかん》5人とパトカー3台を導入《どうにゅう》した卒業式は考えものですね」

今から4年前、地域住民との懇談会《こんだんかい》における発言でした。

2003年（平成15年）4月、教頭として赴任《ふにん》した中学校は、全校生徒420名に対して23名の不登校《ふとうこう》生徒がおり、月曜日の朝の校舎外には空き缶《かん》やごみが目立ち、住民には「荒《あ》れた学校」として目に映っていたのです。

この事実を知った私は、ますます勇気が湧き、「よ〜し、とことん生徒とかかわり、生徒のもっている豊《ゆた》かな創造性《そうぞうせい》を引き出し、生徒が輝《かがや》き、生徒中心の学校をつくろう」「どんな生徒でも、いつかは必ず自分を超《こ》える偉大な人物《じんぶつ》になると信じて接《せっ》していこう」と心に決めました。

毎朝6時30分には学校に行き、玄関で「おはようございます」と生徒との明るいあいさつから一日の出発をしました。早く生徒と心の交流をしたいと、担任の先生が教室に来る前に、全12クラスの教室訪問をしては、あいさつや握手《あくしゅ》を重ねることをモットーにしました。

◇　　　　　◇

「全校コスモス栽培《さいばい》作業」で、学校近くを流れる依田川《よだがわ》周辺のごみ拾いをしていた時、作業もしないで看板をじっと見つめる一人の生徒がいました。

「先生、この看板には〝ここは一級河川《かせん》でホタルが舞《ま》う水辺《みずべ》をめざして〟と書いてあるけど、本当にホタルは飛ぶのですか？」

この生徒のつぶやきから、地域の自然環境に関心をもつ素直《すなお》な心を総合的な学習に生かそうと考えました。

早速《さっそく》、地域住民との対話から、「昔はここによくホタルが飛んだもんだ。最近はあまり見ないけど、もう一度ホタルを飛ばしたいなあ」との切実《せつじつ》な願いを聞くことができました。地域の公民館で、住民と一緒《いっしょ》に「ホタルの講演会」を企画した折《おり》には、「ホタルの里を学校と地域で一緒につくりたい。生徒の自然観察《かんさつ》もでき、町の活性化《かっせいか》にも役立ちます」と目を輝かした発言があり、感動しました。

生徒たちと話し合った結果、信州《しんしゅう》大学の教授《きょうじゅ》を講師《こうし》に、地域住民15名と中学生が一緒《いっしょ》になり、ホタルの授業を受けました。

「きれいな水とは、そこに住む生き物の立場になって考えること。生き物や人間の命《いのち》のことなど自分だけでなく、地域の人や相手の立場になって考えることの大切さがわかった」との生徒の感想から、地域の自然や環境に直接触《ふ》れる環境学習は、生徒の豊《ゆた》かな感性と命を大切にする心を培《つちか》うことができると実感しました。

この新鮮《しんせん》な授業から、生徒たちの学習意欲《いよく》は高まり始めたのです。ホタルの生息地となる川の清掃《せいそう》作業を、汗《あせ》をかきながら積極的に行い、学区内の他の川からホタル40匹とカワニナを捕獲《ほかく》し、学校での飼育《しいく》から約3000個の卵《たまご》から60匹が幼虫《ようちゅう》に育ち、3月16日「ホタルの卒業式」を企画したのでした。

川辺《かわべ》には地域住民と中学生が集い、「蛍《ほたる》の光」の音楽をバックに卒業式が挙行《きょこう》され、校長先生から「養殖《ようしょく》ホタル殿《どの》　第一回卒業証書授与《じゅよ》」と呼びあげられた証書が川に流されると同時に、60匹の幼虫が川に旅立っていきました。

生徒からは、「ホタルは、この川で精一杯生き、そして自分らしく輝いてほしい」との感想が……。ホタルの生息する川は、生徒たちの心の奥に流れる川として、学びはさらに広がっていく

やがて生徒たちは「ホタル鑑賞会《かんしょうかい》」を企画。小・中学生や保護者、地域住民など約650名が集い、満天《まんてん》の星空のもと、和《なご》やかな会話があちこちから聞こえてきました。この地域住民との交流により、まちの活性化《かっせいか》の第一歩を実感することができました。

この年の秋、全校生徒にアンケート調査をしました。「自分たちの地域のよさは何ですか」の問いには、65%の生徒が①川や山の美しさ②緑が多く空気がきれい③花など四季を感じるなど、このまちにある立派《りっぱ》な社会教育施設《しせつ》や有名な史跡《しせき》よりも自然環境に対する誇《ほこ》りを感じており、こうした意識を大切にしながら生徒が発見した学習問題を中心に教育活動を展開《てんかい》したいと思いました。

２００４年（平成16年）10月25日（月）朝７時――。生徒会役員が職員室に駆《か》け込《こ》んできました。

「教頭先生、新潟県が中越《ちゅうえつ》地震で大変です。ぼくたちも何かしたいので緊急《きんきゅう》生徒集会をやらせてください」と真剣な眼差《まなざ》しでした。集会で地域にチラシを配り、義援金《ぎえんきん》活動をすることが決まり、２週間で92万円も集まりました。

被害の大きかった新潟県の２つの中学校に直接、送金をしたり、生徒の発想《はっそう》で地域の方と一緒《いっしょ》に炊《た》き出し訓練をしたりしました。阪神淡路大震災《はんしんあわじだいしんさい》からちょうど10年目の日でした。

地域住民とＰＴＡ、生徒など集った600名は、各学級長を中心に北の方角に向かい「がんばれ新潟、負けるな新潟」と大声を上げて三《さん》・三《さん》・七拍子《ななびょうし》のエールを送りました。森林体験学習で得た間伐材《かんばつざい》を炭焼《すみや》きにした自作の炭で１０００枚のお餅《もち》を焼く煙《けむり》と大なべから出る雑炊《ぞうすい》の湯気《ゆげ》、そして、吐《は》く息が白くなるなか、目《め》頭《がしら》を押さえてみんなで雑炊を食べました。こうした生徒主体の活動は地域にも目が向けられ、学校から地域全体を学びの場とした総合的な学習を展開することによって、生徒たちの明るい顔と声が見られるようになりました。

また、毎月の3日間を「リサイクル・デー」と定め、生徒会の福祉委員会の生徒が昇降口《しょうこうぐち》に立ち、空き缶《かん》を回収しました。生徒会を中心に、自宅から学校までの通学路に落ちている空き缶を拾《ひろ》い、地域の環境美化活動を続けてきたのです。

1984年(昭和59年)から始めたこの活動は、今年で23周年を迎えます。生徒会で協議した結果、今年は通学路だけでなく、町会の公民館や社会教育施設にある空き缶の回収や、地域住民にもチラシで呼びかけて回収することが決定。その年は、3000キログラムも回収され、換金《かんきん》後、町内の4つの老人施設に樹木《じゅもく》や車いすなどを贈呈し、文化祭にはお年寄りを招待《しょうたい》して交流会を開催。体育館の正面には、回収したアルミ缶8000個を利用して見事な紅葉《もみじ》を描いたステージバックを完成させるなど、23年目の輝く歴史を刻《きざ》むことができました。

1992年（平成4年）から始めた「全校コスモス栽培《さいばい》」も、生徒のアイデアで校舎《こうしや》周辺だけでなく、町の空き地にも栽培をするなど、地域へとコスモスの花が広がりました。そこからヒントを得《え》た生徒会のコスモス委員会は、校内でサルビアの栽培を行い、町内220名の独居《どつきよ》老人に「花の宅急便《たつきゆうびん》活動」と称《しよう》し、敬老の日を祝《しゆく》して絵手紙と一緒《いつしよ》に花鉢を贈呈するなど、お年寄りへの思いやりの心も育っていきました。

生徒会の役員たちと放課後、懇談《こんだん》した折に、「先生、学校が変わってきました。もっと地域や他の学校にも活動を広げたいです」との提案がありました。早速《さつそく》、町内4つの小学校と1つの中学・高校に呼びかけて賛同《さんどう》をいただき、町内7校の代表生徒のもとネットワークが確立《かくりつ》。その場で「ABC宣言」を採択《さいたく》し実行に移されました。

Aは「あいさつ運動で地域に花を咲かせよう」、Bは「ボランティア活動で思

こうした環境学習が「長野県林業関係コンクールの学校環境緑化の部」や「全日本学校関係緑化コンクール」で最優秀賞を受賞。生徒たちの自信と喜びにつながっている

いやりの種《たね》を育てよう」、Cは「クリーン活動（清掃活動）でまちをきれいにしよう」の内容で、地域住民と共に3つの活動を展開《てんかい》するものでした。

生徒会は一段と積極的な活動を考えて町内6校に呼びかけ、近くの小学校の校門や交差点《こうさてん》には、小学生から高校生まで、さらにPTA、地域住民が朝7時30分から集まり「おはようございます」と連呼《れんこ》し、あいさつの花を地域に咲かせたのでした。この時から毎月20日を「地域交流あいさつデー」と決め、地域をあげてのあいさつ運動を展開しました。地域との交流が深まり、地域住民から「地域と学校が協力をして『あいさつ道路』をつくったらどうか」との提案があり、生徒会に協議をお願いしました。

地域の課題を解決する話し合いに慣《な》れてきた生徒会の役員たちは、まず、小学校から我が中学校前を通り地域の拠点《きょてん》までの440メートルをメインのあいさつ道路とし、その命名をするために全校でアンケート調査を実施。その結果「さわやかロード」と決まりました。

この「さわやかロード」という名前には、生徒たちの熱《あつ》い願いが込《こ》められていました。「さ」は3年間、「わ」は笑って、「や」は休まず、「か」は通う、「ロード」は道でした。不登校《ふとうこう》の生徒が多いという学校の課題は、職員《しょくいん》だけでなく生徒たちの悩みでもあったのです。

真夏《まなつ》の太陽が照りつける7月。午後3時、生徒会役員40名、小学生530名、高校生徒会役員30名、地域住民80名の680名が参加してあいさつ道路の完成式が挙行《きょこう》されました。「さわやかロード」と書かれた生徒自作《じさく》のメッセージボードの前を、町長さん、地域の区長さん、生徒会長を先頭に吹奏楽部の演奏のもとパレードを行《おこな》ったのです。

この「さわやかロード」は、町内13カ所にも定められ、メッセージボードを設置しました。あいさつ運動に参加した保護者は、「子どもだけに言うのではなく、私たち大人がしっかりしないといけない。大人のあいさつひとつとっても子どもの目に、その姿が映ってくる。今こそ、大人の生き方が問われていると思います」と、しみじみと語っていました。あいさつ運動を通して、子どもも大人も、学校も地域も豊かな心が育ってきている証左《しょうさ》でもあると感じました。

◇　◇

卒業前の2月、H君が職員室にやってきました。

「先生、お願いがあります。ぼくたちが地域の皆さんと一緒《いっしょ》に活動する中で考えたことがあります。これからも学校や地域で一緒に学習する大学を作りたいです。一緒《いっしょ》に学ぶと学校も地域もよくなると思います」
生徒たちは以前から地域の課題を考えて、地域との連携《れんけい》による学校づくりの構想《こうそう》を練《ね》っていたのでした。生徒会や学級会による度重《たびかさ》なる話し合いの結果、生徒会の企画により、「丸子コスモス大学」開学式が盛大におこなわれました。昇降口《しょうこうぐち》には、「丸子コスモス大学」と書かれた校名板《こうめいばん》が設置《せっち》され、除幕式《じょまくしき》がおこなわれたのです。ここに地域住民が気軽に学校に来て、生徒たちと共に学び、体験活動をする憩《いこ》いの学び舎「丸子コスモス大学」が発足《ほっそく》したのです。

地域受講生《じゅこうせい》120名が中学生に交《ま》じって学科ごと体育館に入場。町長さんをはじめ来賓《らいひん》と地域講師30名が続いて入場。体育館は熱気《ねっき》に包《つつ》まれ、あちこちから生徒の飛びぬけて明るいあいさつの声や輝く笑顔が見られ、真心から地域住民を迎《むか》えていたのでした。

2年前のあの荒《あ》れた卒業式が信じられないほどの変容《へんよう》です。どんな思いで地域住民の皆さんは見ているのでしょうか。生後8カ月の幼子《おさなご》を胸に抱いた母親に、地域受講生を代表して学長（生徒）より学生証が授与されると、盛《さか》んな拍手が鳴《な》り響《ひび》き、生徒の必死の努力が実《みの》った結果でした。

この大学の「ボランティア学科」で学ぶ76歳の地域受講生の感想が、地方紙の投書欄に掲載《けいさい》されました。

「全盲《ぜんもう》の60歳の男性の話を中学生と一緒に聞いた。ハンディがあっても前向きに生きている姿に感銘《かんめい》を受けた。なかには、幼児をおぶって出席をするお母さんもいる。一緒に学ぶ中学生には、今後、さまざまな困難が立ちふさがる。そのとき、ここで学んだことや人々との交流を生かして生きてほしい」――と。

これらの生徒主体による創造的な環境学習を中心とした教育活動を論文《ろんぶん》にまとめ、2005年（平成17年）10月、教育界で権威《けんい》ある「第36回博報賞《はくほうしょう》」に応募したところ、「学校活性化部門」（団体の部）で受賞することができたのです。

丸子コスモス大学の終業式がおこなわれた時には不登校《ふとうこう》生徒はA君一人となりました。それも、1週間に2回程度は登校できるまでになったのです。夜7時30

分から9時まではA君の「夜間学校」として、私たち教師が交代でA君と教室で学習しました。そして、卒業式は生徒403名全員が出席し、厳粛《げんしゅく》におこなわれました。3年前に23名いた不登校《ふとうこう》生徒は、この時、念願の0《ゼロ》となったのです。

私は、この学校での教育実践を通して多くのことを学びました。生徒の豊《ゆた》かな発想は、人と人との魂《たましい》の触《ふ》れ合《あ》いにより、創造性を触発《しょくはつ》し、大人の常識を破《やぶ》る夢の実現をもたらすエネルギーを秘《ひ》めているということでした。

これからも子どもの幸福のための教育実践と、学校と地域が一体《いったい》となった地域に開かれた楽しい学校づくりに向け、慈愛《じあい》と情熱の教育者をめざしていきます。

PROFILE

こむろ・くにお／中央大学を卒業し、5年間の社会人生活後、28歳で教員に。県下の小・中・養護学校等で奉職。長野県教育委員会事務局主任指導主事。2002年（平成14年）、第51回読売教育賞の地域貢献活動部門で優秀賞受賞。翌03年、第52回読売教育賞の地域活性化部門で最優秀賞受賞。04年、全国環境美化教育優良校表彰「リサイクル部門」の農林水産大臣賞受賞に貢献。同年度全日本学校緑化コンクール「学校環境緑化の部」の入選に尽力。05年には、「第36回博報賞」を受賞。

輝け！クワガタ探検隊

大阪・小学校教諭　西　義史

私が生まれ育った故郷《こきょう》、四国・徳島県は、阿南《あなん》市の秘境《ひきょう》、山あり、谷あり、川もありといった自然そのものの風土《ふうど》でした。

我が家にはガァガァとアヒルが40～50羽、小学校時代のお弁当のおかずは、アヒルの卵焼きと梅干しご飯。そして、特別メニューは川で手づかみの焼き魚。私の生活環境はこのようにすべてが自然に囲まれていました。大きな自然は温かく、やさしく、私を包み、育ててくれました。ですから私は自然が大好きです。

そんな私が教職《きょうしょく》の道を選んだのは、2番目に好きなのが子どもたちだったからです。

◇　◇

1974年（昭和49年）、大阪・池田市の小学校に赴任《ふにん》して以来、33年になります。この間、一貫して、自然の温かさとやさしさを子どもたちに伝える教育を心がけてきました。子どもの心を触発《しょくはつ》するためには、自然との交流が欠《か》かせないと感じ、体感《たいかん》学習を積極的に取り入れました。アヒルやウサギなどの動物広場や近隣《きんりん》の自然観察《かんさつ》を通して、子どもたちの心は磨《みが》かれていきました。

やがて、学校教育だけでは環境教育にも限界があることを感じ、1993年（平成5年）5月3日に、有志《ゆうし》による里山讃歌《さとやまさんか》ボランティア「クワガタ探検隊《たんけんたい》」を発足《ほっそく》させました。活動の目的は、地域ぐるみの自然体験学習を通じて、古来《こらい》からの日本的自然観を継承《けいしょう》し、人材を育成することです。

ヒラタクワガタの特産地として有名な大阪府池田市北部の五月山。古い昆虫図鑑《ずかん》に掲載《けいさい》されているヒラタクワガタの採集《さいしゅう》地はほとんど「池田・五月山」と記されているほどですが、最近の宅地開発によって、陸《りく》の孤島《ことう》となり、このまま放置すれば池田のクワガタ虫が絶滅《ぜつめつ》するかもしれません。

こうした危機感《ききかん》から立ち上げたのが「クワガタ探検隊」でした。市民レベルのボランティア活動ですが、「自然を畏《おそ》れながら、探究心《たんきゅうしん》を胸いっぱいに、地域自然のすばらしさを発見していこう」「昆虫の全体像は、飼育《しいく》観察を通じてこそ可能となり、粘《ねば》り強い飼育活動が子どもたちの心を謙虚《けんきょ》にする」「自然の本当の姿を未来に伝え、広げてほしい」といったこれまで私が考えてきた思いを「探検隊《たんけんたい》宣言」に込めました。

「ひとつ、生命を探検しよう！」

「ひとつ、命《いのち》を育てよう！」

「ひとつ、このすばらしい生命が、未来を開く！」

入隊は自由。会費はなし。規約もなし。役職もなし。参加も自由な「ゆるやかな組織」としました。

飼育実技講習や樹液《じゅえき》の木の探検など、探検隊の活動は、毎月1回ですが、連続開催記録152回を更新中《こうしんちゅう》です。

現在、会員は約200名。大阪府内や兵庫県、奈良県まで、自然が大好きな隊員の輪《わ》が広がっています。

◇　◇

さて、いよいよ「夢のオオクワガタまつり」の幕開けです。

池田市立「山の家」に、自然や生命との触《ふ》れ合いを求めて、関西一円《かんさいいちえん》から「里《さと》親《おや》家族」が800人も押し寄せてきたのです。地域の里山で採集《さいしゅう》した数匹《すうひき》のオオクワガタをもとに、クワガタ探検隊が７年間かけて200匹にまで育て上げました。当日は、巨大クワガタ虫展示室《てんじしつ》あり、飼育講習会あり、子ども研究発表会ありで、「生命のふれあいまつり」となりました。

２日間の「オオクワガタまつり」の反省会も終わりに差《さ》しかかったころ、スタッフの女性ボランティアが声を出して泣き始めました。このまつりの準備のために、心を尽《つ》くした日々を思い返しているうちに、涙があふれてきてどうしようもなかったというのです。スタッフ一同の心に感動が広がりました。

また、数日後、たくさんの感謝のお手紙をいただきました。「黒いダイヤ・オオクワガタに触れた感触《かんしょく》が、今も、指先《ゆびさき》に残っていて離れない」「家族に共通の話題ができ、クワガタの話が咲き薫《かお》る」「まつりを成功させてくれたボランティアの方々の心のふるえが伝わってきた」など、うれしい便《たよ》りばかりでした。ともすると、利害《りがい》と不信感に覆《おお》われた世相《せそう》にあって、クワガタ探検《たんけん》隊《たい》の活動を続けていくなかで、輝く希望を見た思いがしました。

◇　◇

こうして、学校と地域に根《ね》ざした環境教育のネットワークをつくることができた1996年（平成8年）、排気《はいき》ガスが充満《じゅうまん》し、緑とは縁《えん》遠い小学校に勤務となりました。

新任以来、自然教育一筋《ひとすじ》に取り組んできた私は絶望《ぜつぼう》しました。いろいろ悩んだ時、「『価値創造《かちそうぞう》』とは、端的《たんてき》にいうならば、いかなる環境にあっても、そこに価値を見いだし、自分自身を強め、そして他者の幸福へ貢献《こうけん》する力のことです」との、池田SGI会長のスピーチにヒントを得ました。

「そうだ、自然観察ができないのであれば、これまでの経験を生かして、いつでも、どこでも、だれでもできる環境教育の絵本を創《つく》ろう」と、新たな意欲が燃えてきたのです。

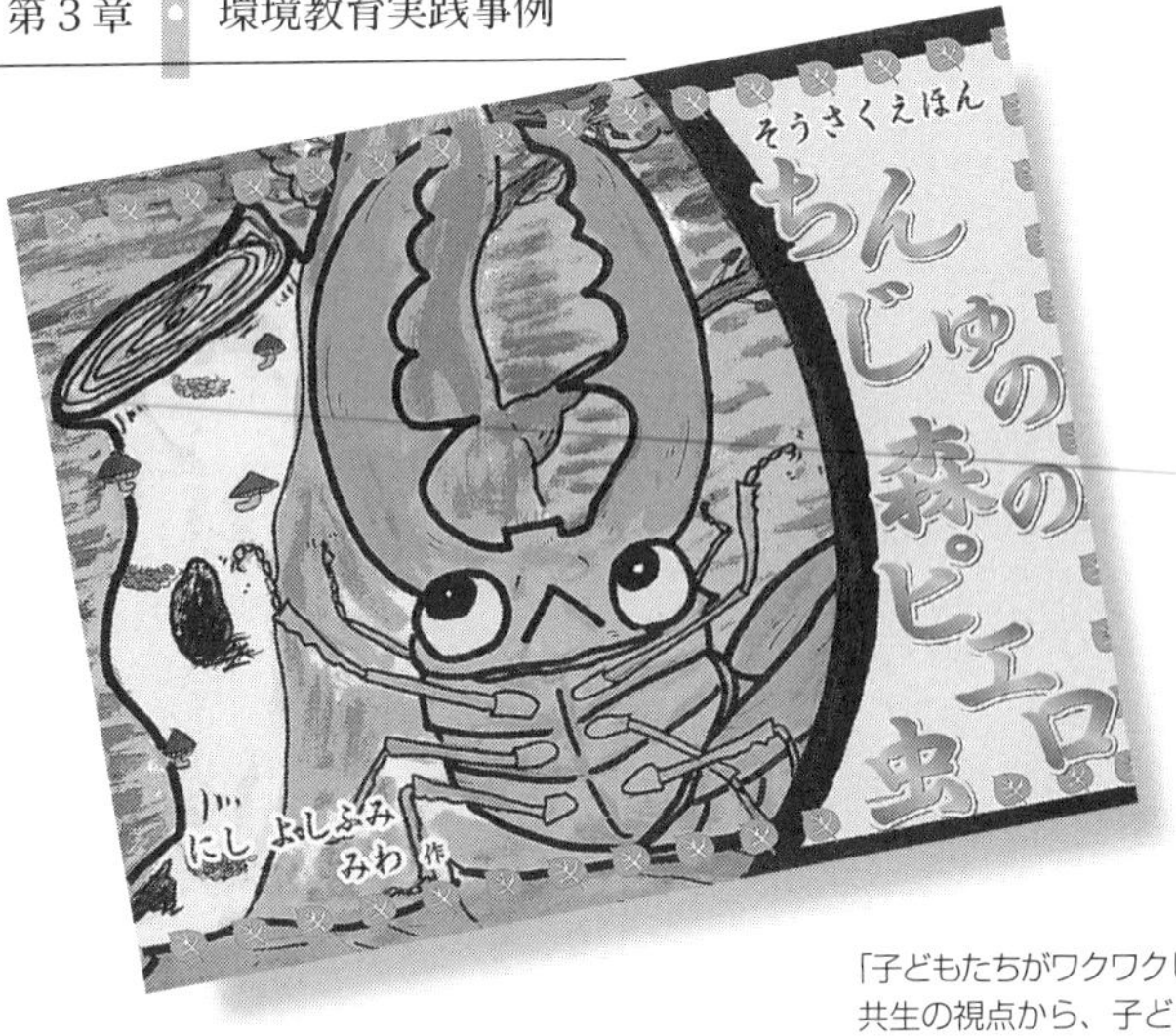

「子どもたちがワクワクしてほしい」共生の視点から、子どもの目の高さで自然と虫たちをつなぐ絵本を作りたいと願って４冊目になる

こうして創作絵本『オオクワのお宿《やど》』の発刊《はっかん》となりました。その後、『コクワの冒険』『のこっ太の掟《おきて》やぶり』『ちんじゅの森のピエロ虫』などを自費《じひ》出版《しゅっぱん》し、幼稚園や小・中学校、図書館に寄贈《きぞう》しています。

共感《きょうかん》の輪《わ》が広がり、「地域お父さんボランティア・クワガタサークル」も活動を開始しました。

家族で飼育《しいく》するなかで、未来への希望の星である小学生がクワガタに出あい、才能の芽《め》を限りなく伸ばしたエピソードも生まれました。

「T君は、小学校3年生の時に、クワガタ虫に出あった。彼は、地域の自然でお父さんと採集《さいしゅう》したいろいろな種類のクワガタ虫をケンカさせて楽しんでいた。そんな中、T君の心の中に〝はてな?〟が芽生《めば》えた。それは、〝クワガタ虫って、強い者勝《が》ちなのか?——ケンカに強い虫だけが生き残ることができるのだろうか?〟という疑問《ぎもん》であった。それから4年間、クワガタ虫の観察記録をつけ続けた。やがて、6年生の秋、学生科学研究優秀賞を受賞。研究成果は、『クワガタ虫は競争ではなく、〝共生・住《す》み分《わ》け〟で生き残っている』ということである。やがて、東京のある大学の大学院で遺伝子《いでんし》工学を専攻し、現在、理科教師として、未来っ子の育成に情熱を燃やしている」と——。

◇　◇

教師になって34年目。子どもたちとともに、自然を教材として環境教育に無我《むが》夢中《むちゅう》で取り組んできました。

いろいろな生き物との出あいと、自然との触《ふ》れ合《あ》い、多くのボランティア活動の人たち、研究者などとのかかわりを通して学んだ私なりの環境教育のポイントを４点にまとめてみました。

①　身近《みぢか》な自然を体験することによって、学び取っていく。

②　家族の理解を得て、長期の飼育活動を持続《じぞく》していく。

③　教材の的《まと》（クワガタやカブト）を絞《しぼ》り、生き物の誕生《たんじょう》→交尾《こうび》→死などのライフスタイルを学んでいく。

④　すべての命《いのち》は、環境とのかかわりの中で「しなやかに、したたかに」生き抜いてきた知恵《ちえ》を学び取る。

我が郷土《きょうど》・池田市。その大地、水、大空。すべてが生命の輝きを放っています。すべてが、生命の歌を歌っています。本物の自然に、そのまま触れ、生命と生命がともに助け合って生きていることを知り、行動してほしい――そこに本来の生きる力を学ぶことができると感じています。

このままでは、地球環境に未来はありません。しかし、環境教育を通して「自然との共生」を学んだ子どもたちが成長する時、「希望の光」は持《じ》続《ぞく》可能になることを信じ、これからも、テレビゲームと塾《じゅく》通いに明け暮れる子どもたちの心に、自然感動体験の心を育てていきたいと願っています。

PROFILE

にし・よしふみ／昆虫の研究をしていた静岡大学教育学部在学中に池田ＳＧＩ会長と出会い、「我、妙法のファーブルたらん！」と決意する。小学校教諭として、先駆的な教育実践に挑戦するなか、１９９９年（平成11年）には、全校で取り組んだ活動成果が、「おおさか環境賞・大賞」を受賞。翌２０００年からは3年連続で、「全国小学校・中学校環境教育」優秀校となり、「自然環境が劣悪なところでこそ、本物の環境教育が生まれた」との高い評価が寄せられた。「クワガタ探検隊長」として活躍する一方、これまでに五冊の創作絵本も出版。幼稚園や小・中学校や図書館に寄贈するなどの活動も展開している。

生命の大切さ学ぶ　ふれあい広場

神奈川・小学校教諭　池上久子

「ジョナサンおはよう！」「バニラ、元気？」

飼育小屋《しいくごや》の動物たちにやさしく声をかける子どもたち。休み時間は、〝我れ先に〟と教室を飛び出し、ヤギやウサギにエサをあげたり、だっこしたりする子どもたちで大にぎわいです。かつて、校舎の北側《きたがわ》の隅《すみ》っこで地味《じみ》に生きていた動物たちが、今はどこからでも見ることができる、中庭《なかにわ》の「ふれあい広場」に放《はな》し飼《が》いにされ、のんびり草を食べたり、虫をついばんだりしています。

児童はもちろん、時には近隣の幼稚園や保育園児たちにもかわいがられています。このように、日常的に子どもと動物がふれあえる活動を推進《すいしん》して、3年目になりました。

◇　◇

現在の学校で飼育担当となって5年。はじめはだれもなり手がなく、仕方《しかた》なく引き受けた飼育委員会でした。2頭のヤギを見ても見分けがつかないような私に大きな転機《てんき》が訪《おとず》れました。

それは、教師のための動物飼育の研修会でのことでした。

「子どもたちに命《いのち》の大切さを学ばせるには、動物と直接触《ふ》れ合う機会を作ってあげることだ」との獣《じゅう》医《い》さんの話を聞いた私は、その場で「〝動物とふれあう飼育活動〟に変えていきたい！」と決意していました。

我が校の大半の子どもたちは、動物を飼いたくても飼えないという制約のある団地から通っています。だからこそ、この活動に意味があると思ったのです。

さらに獣医さんの助言を受けて、畜《ちく》産《さん》大学に協力してもらい、校内で飼育するには多すぎる動物を引き取っていただくことにしました。

学校には９才になる屋《や》久《く》島《しま》ヤギを２頭、健康なウサギ１羽、チャボとウコッケイは３羽ずつ残しました。すると小屋はとてもすっきりし、掃《そう》除《じ》やエサやりがしやすくなりました。

１匹ずつ見分けることができるようになると、今度はチャボやウコッケイに名前のないことが気になりました。子どもからも「名前をつけたい」という声があがり、早速《さっそく》、飼育《しいく》委員がその特徴《とくちょう》を絵に描いたプリントを配り、全校から名前を募集しました。

そして、ウコッケイの大きなオスには「ボス」、メスには「パール」、白黒混《ま》ざったチャボには「マーブル」などと、見事にぴったりくる名前がつきました。不思議なもので名前がついたとたん、さらに親しみがわいてきました。

◇　◇

こうした全校がかかわる飼育活動に変えるにあたっては、先生方の深いご理解と協力がなによりの推進力になりました。また、動物をかわいがるということは、抱《だ》くだけではなく、気持ちよく過ごせるように世話をすることだという考えにも賛同《さんどう》していただきました。

そして9月半ば、いよいよ初めての試《こころ》み、全校児童による飼育活動が始まりました。事前に飼育委員が世話の仕方や抱き方などのビデオを制作。児童集会では、そのビデオを見せながら詳《くわ》しく説明したこともあって、1年生も、飼育委員会の

ウコッケイ、うさぎ、チャボなどの飼育活動は、異年齢の子どもたちとの心と心の交流の場。はずんだ会話が聞こえてきそう……

お兄さん、お姉さんからほうきの使い方やゴミ置き場などを教えてもらい、一《いっ》生懸《しょうけん》命《めい》です。重《おも》いバケツの水も6年生が一緒《いっしょ》に運んであげています。

「ウサギはね、こういうふうにちゃんと自分のトイレで糞《ふん》をするんだよ」

「へぇ〜、おりこうなんだね」

「そのチャボの羽《はね》の中に手を入れてごらん」

「うわー、あったか〜い！」

と会話が聞こえてきます。

　それまで、抱きたくても抱けなかった子、こわくて近寄《ちかよ》れなかった子たちがどんどん動物と仲良くなっていきました。この「全校ふれあい教室」は、動物とのふれあいだけでなく、飼《し》育《いく》委員会の高学年児童と低学年の子どもたちとの心温《あたた》まるふれあいの場ともなっていたのです。

ある子どもの作文には、「人間と動物は心と心で通《つう》じ合うことができるんだと思います。どの動物も立派《りっぱ》な『心』があります。私は飼育の仕事をしているうちに動物が好きというだけじゃなくて『早く動物のところに行ってあげたい』と思うようになりました」と書かれていました。

ふれあいを主体とした活動に変え、早くも子どもたちの心が変わってきていると手ごたえを感じました。

このような活動が評価され、連続3年にわたり、東京都の「学校動物飼育モデル校」に指定されています。

◇　　◇

さて、我が校は相模原《さがみはら》市城山《しろやま》（神奈川県）と八王子市高尾《たかお》（東京都）との間に位置し、冬の寒さはたいへん厳《きび》しいものがあります。

本格的な冬が来る前に、飼育舎の回りをビニールシートで覆《おお》うのですが、あまりの寒さにヤギが震《ふる》え、エサも食べられないほどです。

私は、「日当《ひあ》たりのよい、あのふれあい広場につなげて新しい飼育小屋ができたら……」と、そんな夢のようなことを考え始めました。

ある時、校長先生やまわりの先生たちにそのことを話すと、「やりましょうよ、先生」と、にわかに実現の方向に話が進んでいきました。そして、地域で山林《さんりん》を所有《しょゆう》する方が、この話を耳にして、「木ならいくらでもある。必要なだけ切ってもっていきな」と、何と大型トラック2台分の木材《もくざい》を提供《ていきょう》してくださったのです。

今度は、そのゴツゴツした木の皮《かわ》をはぐことが子どもたちの仕事になりました。皮の下からつるんとしたきれいな木が見えると、「オーッ！」と大喜びです。

バケツリレーで砂や水を運び、顔や洋服をセメントだらけにしながらこね合わせ、難《むずか》しいと思われたコンクリート張《は》りにも挑戦。そして、ついに昨年2月、何

ログハウス調の飼育小屋。学校と地域との協力で、心温まるふれあい活動の場が生まれた。手作りのぬくもりが伝わってくる

でも作ってしまう主事《しゅじ》さんの指導のもと、すべて手作りのログハウス調の飼《し》育《いく》小屋が完成したのです。子どもたちは、「ここに住みた〜い！」を連発《れんぱつ》。飼育活動はさらに充実していきました。

また、何より画期的《かっきてき》だったことは、学校にとって一番の悩みだった休日の世話を、保護者や地域の方々がやってくださることになったのです。

実は、ふれあい広場も、子どもたちと一緒《いっしょ》に保護者・地域の方々の協力で作られたものなのです。こうした心強い支援《しえん》には、本当に感謝しています。

新年度を迎《むか》え、私は、前年に学級崩壊《ほうかい》した４年生のクラスを担任することになりました。このクラスは、３年生の時、授業中大声で叫《さけ》んだり、突然、ケンカが始まったりと、男子のほとんどが手のつけられないような状態でした。

４年生になってまもなく、〝少し落ち着いてきたな〟と安心していたころ、事件が起きてしまいました。

◇　　◇

学校の裏山《うらやま》での理科の課外《かがい》授業の最中《さいちゅう》、数人の男子がどこかに行ってしまったのです。幸《さいわ》い、すぐに見つかったものの、何が起こるかわからない状況に、まだまだ気が許《ゆる》せない毎日でした。

自己主張が強く、自分勝手な子どもたちに対し、私は、「人の立場になって考えられる、優しい子どもになってもらいたい」と思い、さまざまな手立《てだ》てを考え、実践していきました。なかでも力を入れたのは〝本の読み聞かせ〟と〝週１回の動物とのふれあい活動の日〟です。読み聞かせを進めていくなかで、動物の話になると、とくに関心を持って聞く子が多いことに気づき、やはり、「ふれあい活動を大事に指導していこう」と思いました。

しかし、当初は当番《とうばん》を忘れてさっさと遊びに行ってしまったり、イヤイヤやっている姿も見られました。私は一緒《いっしょ》に小屋の掃除やエサやりをしながら、今まで経験してきた動物に関するエピソードや生態《せいたい》などについて語りました。また、病気やけがなど今の動物たちの姿をそのまま見せていくことにも心がけました。

◇　◇

「今日もいいウンチをしているね。動物は何も言わないから、ウンチで元気かどうかみるんだよ」

「へぇー。ウンチって大事なんだね」

「では、ヤギのバニラは1日なん粒くらいウンチをするでしょうか？」

「50？　70？　ん～、100？」

「残念でした！　答えは２０００です！」

ヤギの楽しそうな散歩？　でも、犬と違って思うようにはいかない。びくとも動かなかったり、ウンチをしたり、それはもう大変！

「ぎゃー」

「ポロポロと1回に70粒くらいするんだよ」

実は何日か前に実際に数えていたのです。こんな会話を繰《く》り返すうちに、子どもたちは次第に学校の動物に関心を持つようになってきました。

仕事をさぼる子も少なくなり、楽しそうに活動している姿を見て、以前からやってみたいと言っていたヤギの散《さん》歩《ぽ》に挑戦してみることにしました。

私も初めての経験でした。校外に出るわけですから、〝また、どこかに行ってしまったらどうしよう〟と多少の心配はありましたが、子どもたちは大喜び。早速《さっそく》、ふれあい広場からヤギのバニラにリードをつけて、引っ張って行きました。

ところが犬のようなわけにはいきません。びくとも動こうとしないのです。子どもたちはエサでつろうと草をとりに行きました。エサをちらつかせながら、ようやく門にたどり着くと、今度はポロポロとウンチをし始めました。大慌てで、ほうきとちりとりを取りに走る子や、「暑《あつ》いから水も持って行こう」とバケツを取りに行く子など、次々に進んで行動する様子を見て、さっきまでの心配していた気持ちが吹き飛びました。そして、子どもたちはたしかに変わり始めていると確信《かくしん》することができました。

その日から子どもたちとヤギとの距離《きょり》が急速《きゅうそく》に縮《ちぢ》まっていったようでした。

そんなある日、授業中に突然、数人の男の子が、「先生、雨だよ。ヤギたち、大丈夫《だいじょうぶ》かな」と叫《さけ》びました。

以前、「ヤギは雨が大キライなんだよ」と話したことがあったのです。急な雨に、ヤギを心配してくれたその気持ちがとてもうれしく、「気がついてくれてありがとう」と、みんなでふれあい広場に飛び出していきました。

◇　◇

また、新しくやって来たウサギのマロンが、元《もと》からいたミミやジョナサンに顔を噛《か》みつかれた時のことです。耳と眼《め》のまわりに深い傷《きず》を負《お》っている様子を見て、「なんでいじめちゃうんだろうね」と、心配そうに見ていたひろし君に、私はウサギの生態《せいたい》である〝縄張《なわば》り意識《いしき》〟の強いことを話してあげました。「ジョナサン。いじめちゃダメだよ」と、さとすように声をかけていたひろし君は、２羽のウサギが少しずつ慣れていく様子を毎日のように見守っていました。そして３週間ほどたったころ、「先生、ジョナサンとマロン、くっついて寝《ね》ているよ」と、それはそれはうれしそうに報告してくれました。

３年生の時、もっとも手がかかっていたひろし君の優《やさ》しい言葉に、私の方がうれしくなりました。

◇　◇

この夏、たいへん残念なことがありました。学校のシンボル的存在だったヤギのバニラが突然《とつぜん》、倒《たお》れてしまったのです。

近くの獣医《じゅうい》さんが駆《か》けつけてくださいましたが、「明日まで持たないだろう」と言われ、今まで世話をしてくれた方々にすぐに連絡をとりました。かけつけた先生方と地域の方々が、昼も夜も交代《こうたい》で飼育《しいく》小屋に泊《と》まり、看病《かんびょう》にあたりました。獣医さんから、「こんな幸せなヤギ、世界中探《さが》したっていねぇぞ」と言われたほどでした。

ほとんど意識のない危篤《きとく》状態が2日間続きましたが、点滴《てんてき》や注射《ちゅうしゃ》などの治療《ちりょう》が功《こう》を奏《そう》し、バニラは奇跡的《きせきてき》に命《いのち》をとりとめることができたのです。老齢《ろうれい》の体でしたが、少しずつ回復に向かい、子どもたちはバニラの頭をなでながら、「バニラ、がんばれ！」と声をかけたり、写生《しゃせい》をしたり、草をとっては、動けないバニラの口に運んであげたりしていました。

「バニラが生きている」――それだけで、子どもたちも、私たち大人《おとな》も、うれしくて仕方がありませんでした。

ところが、「もうすぐ立てる」と思っていた9月半ば、バニラは突然、息を引き取ってしまったのです。倒れてから18日目のことでした。

バニラの死は、かかわっただれもが深い悲しみを味わいました。しかし同時に、力の限り、がんばって生きる姿をまざまざと子どもたちに見せてくれました。

ある子どもは、「バニラはがんばった。一生懸命《いっしょうけんめい》立とうと、最後までがんばった」と作文につづり、さらに「今まで友だちとけんかしたとき、思わず〝死ね〟なんて言っていたけど、死ぬってことがこんなに悲しいことだとは思わなかった。僕はこれから〝死ね〟なんて絶対、言わない」と書いていました。

お別れ会には、たくさんの保護者・地域の方々・そして卒業生が集い、バニラへの感謝の思いあふれる式になりました。

◇　◇

以前だったら、目を離《はな》すと何をするかわからなかった子どもたちが、ふれあい活動を通して「人の立場に立って考えられる優《やさ》しい子どもたち」に成長しました。なによりも仲良く、何事《なにごと》にも一生懸命《いっしょうけんめい》に取り組む子どもたちです。

これからも、かけがえのない命《いのち》を、頭で、心で、肌で、全身でつかむことのできる子どもたちを育てていきたいと思います。

PROFILE

いけがみ・ひさこ／現在、町田市内の小学校に勤務し、「動物とふれあう飼育活動」を推進。２００４年（平成16年）より連続３年「学校飼育動物モデル校」となり、２００５年度の「東京都ふれあい事業」奨励賞を受賞。翌２００６年には、こうした取り組みが、地球環境をテーマにした「素敵な宇宙船地球号」（ＴＶ朝日系列）で紹介された。「今の自分にできる限りのことを子どもにしてあげたい」と、学級崩壊したクラスの子どもたち一人ひとりに全力でかかわり、蘇生させる実践に、同僚からの信頼も厚い。

ハスとなかよし
——地域教材の開発——

愛知・小学校教諭　長谷川雄一

我が校の敷地《しきち》は、50年ほど前まで一面のハス田《でん》でした。その名残《なご》りのハス田が、現在も学校近くにわずかに残っています。

この学校に赴任《ふにん》して以来、「地域にあるハス田を3年生の学習教材として取り上げることにより、子どもたちは生き生きと学ぶことができるのではないか」と常々《つねづね》、考えていました。

ちょうど、総合的な学習が始まった時期です。より深く学区を見つめさせ、自分の学区の持つよさや特色を考えていく中で、今まで気づかなかった学区の自然を振り返り、土地利用や自然の様子を探《さぐ》ることができると考えたのです。

また、地域の人々とのふれあいを通して、ハスの栽培《さいばい》やレンコンの収穫《しゅうかく》の苦労や喜び、自然の豊かさを感じ取っていく最適《さいてき》な教材開発になるのではないかと期待しました。

地域教材としてのハスは、知的好奇心《ちてきこうきしん》の最《もっと》も旺盛《おうせい》な3年生の子どもたちには、格好《かっこう》の素材《そざい》でした。

子どもたちが、豊かに感じるために、自然や人とのかかわりから驚《おどろ》きや感動を得《え》る場をより多く設定しました。そして、友だちや地域の人との温《あたた》かいかかわり合いを通して、驚きや感動を共感《きょうかん》する喜びを体得していくことを期待し、次のような手だてを考えました。

●ハスと繰《く》り返しかかわる

ハスが日々、生長していく姿を目の当たりにしたり、ハス田に実際に入ったりした感動から自分で調べたいことを見つけ、意欲的に追究《ついきゅう》していくことができると考えました。そのために子どもたちが不思議に思ったり、興味を示したことをとどめておく観察《かんさつ》・メモ用紙を「ワンダーカード」と名づけて、一人ひとりの学びの経過《けいか》を追うことにしました。

●地域のSさんとかかわる

学校近くで「レンコン」を作っている方を外部《がいぶ》講師として招《まね》いたり、訪《たず》ねたりして、「レンコン」作りの苦労などを聞く場を通して、「レンコン」作りに励む人の気持ちを知り、共感や感動の思いをふくらませたいと考えました。

●「ハスまつり」で多くの人とかかわる

「ハスまつり」を通して、学んできたことを地域の人へ伝えることで、多くの人とかかわり合うことが可能となり、自分の学びや自分の地域を振り返ることができると考えました。

◇　◇

子どもたちにとって、学区は生活の場であり、親しみやすく興味・関心を抱《いだ》いている場所でもあります。しかし、子どもたちの活動の場は限られており、田畑や川などの自然に恵まれている学区の姿に気づかないで生活していることも多く、勇太君もその一人でした。

勇太君は、自分の思いをはっきりと表現することができ、活発な子どもです。しかし、帰宅後の勇太君の生活を見ると、塾通《じゅくがよ》い、ファミコン三昧《ざんまい》と、じっくり自然に目を向けるなど、豊かな心のゆとりはありませんでした。勇太君は最初のワンダーカードには次のように書いています。

《勇太君のワンダーカード1》
ぼくは、学校に来るとちゅう、いつも田んぼの真ん中を歩いてきます。雨がふると、その田んぼ道は水びたしになって歩けなくなるので、コンクリートのきれいな道がいいです。田んぼなんか早くつぶしてほしいです。

4月に学校の周りにある植物や生き物との出あいを求め、ワンダーウォークに出かけました。そこで、ハス田《でん》で働いているSさんに出会い、Sさんからハスについての話を聞くことにしました。

お話の中で、ハスの種《たね》やはちすを見つけた子どもたちは、Sさんに積極的に質問を始めました。また、ハス田に浮いている肥料《ひりょう》やその周りにいる生き物に興味を示す子どもも出てきました。その後、ハス田に入ることができました。

「気持ち悪い！」――予想通り、勇太君は気持ち悪がって、なかなかハス田に入ろうとしませんでした。それを尻目《しりめ》に次々と他の子どもたちがハス田に入っていきました。

「ぐにゅぐにゅしとる！」「足がうまって動けぇん！」「楽しいな！」「おもしろいな！」などと、子どもたちからさまざまな声を聞くことができました。

そんな様子を見つめる中で、足をすくませていた勇太君が、恐《おそ》る恐るハス田《でん》に足を踏み入れました。勇太君は何とも言えない顔をして、くるぶしまでドロに浸《つ》かった足下《あしもと》を心配げに見つめていました。

学校に帰ってからのワンダーカードでは、それぞれ、次のような感想が見られました。

《勇太君のワンダーカード2》

ハス田は少しウンコみたいなにおいがして、イヤでした。へんなものがういているし、みんなは、どうしてあんなにきたないドロドロの中に入れるのかふしぎでした。入ったら足の指と指の間にドロがニュクニュクと入ってきて、はさまれてきました。足を入れるたびにジュボジュボとへんな音がしてくるし、ぼくはもういやです。

〈早紀さんのワンダーカード１〉
わたしはこれがハスかあとびっくりしました。でも、もっとおどろいたのがＳさんです。Ｓさんはとても生き物やしょく物をあいする人だからです。わたしもこんな人になりたいです。Ｓさんの話を聞き終わったとき、わたしはもう一度ハス田をじっくり見ました。

〈浩也君のワンダーカード１〉
ぼくはさいしょ見たとき、ドロをためてるだけだと思った。だけどよく見たら、小さな草みたいなものがありました。Ｓさんに聞いたら、それはハスという草でした。ドロのところにハチのすみたいなものがありました。とてもふしぎです。これから調べていきたいです。

少しウンコみたいなにおい（臭覚《しゅうかく》）、へんなものがういてドロドロ（視覚《しかく》）、指の間にドロがニュクニュク（触覚《しょくかく》）、ジュボジュボとへんな音（聴覚《ちょうかく》）──。勇太君は、日常生活の中の五感では、味覚《みかく》を除《のぞ》いて、感じたことのない体験に大変、驚いていました。

早紀さんは、Ｓさんとの価値《かち》ある出会いの中で、生き物や植物を大切にするＳ

さんの姿に共感や感動を得て、自分もそうありたいと願い、ハス田《でん》を見つめ直そうとしていました。

浩也君は、ハス田という不思議な学習対象とのかかわりの中で、さまざまな疑問や問題意識を抱いて、これからの学習への意欲をふくらませていました。

次の日から子どもたちは、毎日のようにハス田に向かいました。浩也君は、ハスやハス田の観察を続ける中で、ハスの生長について、次のように書いています。

〈浩也君のワンダーカード2〉

ぼくは毎日、ハス田に行って、ハスのくきの長さをはかっています。5月12日から6月4日までの間に13センチものびていました。だんだんあつくなってきたからかなぁ。もう少し調べてみようと思います。

浩也君は、ハスの生長《せいちょう》の早さに気付くと共に、生長の早さの理由を温度の変化と結びつけ、今後の追究への意欲を見せました。勇太君は、相変わらず、ハス田への抵抗感《ていこうかん》を見せながらも、次のように述べていました。

《勇太君のワンダーカード３》

ぼくは今日、ハス田《でん》に入らないで、Ｓさんにいろんなことを聞いてみました。ハス田のへんなにおいは、ひりょうのにおいでした。ハス田にうかんでいたハチのすみたいなものは、ハスの種がとんだあとのかけらでした。しょうたいがわかってくると、けっこうおもしろい時もあります。

このように、Ｓさんとハスにかかわり続ける中で、子どもたちは、疑問や不思議に思ったことを自分の課題として追究していきました。子どもたちの目は、地域の自然や農業、地域に生きる人の思いにまで向かっていったのです。

《勇太君のワンダーカード４》

ハス田は、どんどんかわっていきました。はじめは、ただのウンコのドロドロでした。においもくさかったです。でも、Ｓさんの話を聞いてハスのことがわかってくると、ハスはとてもふしぎなしょく物だということがわかってきました。それにハスの花はとてもきれいで、初めて見たときハッとしました。ハスの花が咲くときポンと音がすると聞いたので、夏休みにお母さんとお父さんに連れてきてもらってたしかめたいです。

ハスは見事に生長し、いよいよ収穫《しゅうかく》の時期。Sさんのご好意《こうい》で、レンコン掘《ほ》りのお手伝いをさせていただくことになりました。

子どもたちは自分の身の丈《たけ》よりはるかに大きくなったハスを見て、誇《ほこ》らしげに思い思いの声を出しました。

〈レンコン掘りでの子どもの声〉

★ハスがでかくなったね。向こうが見えないよ。
★レンコン、でっかいぞ!
★レンコン、なかなか抜けないね。
★わあぁい!どろだらけになっちゃった!
★気持ちいい!
★もっとでっかいレンコンをさがすぞ!

勇太君は、この時の気持ちをワンダーカードに次のように綴《つづ》っています。

初めて体験した「レンコン掘り」で、全身どろだらけになって大喜びの子どもたち

《勇太君のワンダーカード5》

レンコンほりは、さいこうでした！　Sさんといっしょにレンコンほりをしていると、Sさんが今まで一生けんめい育ててきたことがよくわかりました。なぜかというと、レンコンをとても大切そうにほっていたからです。ぼくもやさしくレンコンをなぜました。水着で行って、よかったです。みんな、どろだらけでした。でもすごく気持ちよかったです。

「ハスとレンコン」について追究していった勇太君のグループで、「レンコンのことをみんなに知らせたい！」という思いがつのってきました。そして勇太君のグループの願いが学級全体の活動へと広がっていったのです。

〈レンコン音頭《おんど》作りへの話し合いの記録〉

勇太君：レンコンができたら、発表会をやりたいな。
C1：ぼく、お祭りの時、御鍬神社で太鼓をたたくんだよ。だったら発表会のときにぼくが太鼓を打ってあげるよ。
C2：太鼓を打ちながら「レンコン音頭」でも作っておどってみたいな。
勇太君：レンコン音頭作ってみようか。

こうして、勇太君の提案《ていあん》で、学級として「レンコン音頭」を作ることになりました。そこで、今までの学習の中で一番興味を持ったもの、伝えたいものを選び、そのことについて多くの人に知ってもらおうと「レンコン音頭」の歌詞《かし》としてまとめました。

《勇太君のワンダーカード６》
ぼくたちのグループは、「ハスとレンコン」について調べてきました。ぼくはＳさんのレンコ

ンのすばらしさを学区じゅうの人に知らせてあげたいです。それが、レンコン音頭を作ることになって、すごくうれしいです。レンコン音頭が、かんせいしたら、Sさんに見てもらいたいです。

子どもたちは、ハスの生長を観察し記録していく中で、ハスの秘密《ひみつ》や生命力の強さに興味を持っていきました。この活動を通して、子どもたちは、今まであまり気にとめなかった学校周辺の自然と土地利用の様子やハスのよさに関心を持っていったのです。

そして、自分たちが興味を持った地域の良さを「ハスまつり」として地域へ伝えようということになりました。ここでも、勇太君がけん引力《いんりょく》となって、次のような話し合いがもたれました。

〈ハスまつりへの話し合いの記録〉

勇太君：レンコン音頭をSさんに聞いてもらいたいな。
C１：せっかくハスのことを勉強したんだから、勉強したことも発表したいな。
C２：だったらハスについての発表会にしようよ。

勇太君：発表会より「ハスまつり」がいいよ。
C３：そうだね。「ハスまつり」に決定！
勇太君：Sさん、喜んでくれるかなぁ。

そこで、お世話になったSさんをはじめ、地域の方、保護者《ほごしや》、他学年の子どもたちを招待《しようたい》して、「ハスまつり」を開くことになりました。

◇　◇

おまつり当日、Sさん夫妻、保護者、他学年の友だちを招いて、「レンコン料理の出店」、「レンコンクイズ」、「レンコン音頭《おんど》」の発表をおこないました。子どもたちは自信を持って自分の仕事や発表に取り組むことができました。自分たちが地域から学んだことを知ってもらいたいという願いが、その姿によく表《あらわ》れていました。最後にSさんに話をしていただきました。

「皆さん、今日は本当にすばらしいハスまつりを見せていただき、ありがとうございます。みなさんのレンコン音頭を歌っている姿を見ていると、毎日の辛《つら》いレンコン作りの仕事も楽しく思えてきました。今日は本当にありがとう！」

子どもたちはSさんの話を聞いて、うれしそうに輝く笑顔を見せていました。勇太君は「レンコン作り」にかけるSさんの気持ちに共感し、Sさんの「おいしいレンコン」を多くの人に食べてもらいたいと「おいしいレンコン」という題でクイズを作りました。これは、勇太君のハスまつり後のワンダーカードです。

《勇太君のワンダーカード7》

ぼくはレンコンのクイズでした。今まで学習してきたことをクイズにしました。おいしいレンコン料理を食べたり、歌を歌ったり、レンコン音頭をおどったり、とても楽しかったです。Sさんが「みんなのことを考えると仕事が倍はかどる」と言ってくれたのでうれしかったです。

今、振り返ると、学校の教育活動に対して協力的な地域のSさんに心から感謝の思いが膨《ふく》らみます。ハス田《でん》に初めて入った時、「気持ち悪い」と言ってハス田に行きたがらなかった勇太君が自らの学《まな》びを振り返って次のように述べています。

《勇太君のワンダーカード8》

ハス田《でん》に行くと、なんだかいいにおいの気がしてきた。ほっとする。なぜかというと、ハス田には、Sさんのレンコン作りのくろうや努力がいっぱいあったからです。ぼくはハス田がすきです。レンコンほりでどろだらけになったときのことが楽しくてわすれられません。

子どもたちは、学校の近くにあるハス田に何度も足を運《はこ》ぶうちにハス田に対して親しみが生まれてきたことがよくわかります。また、この親しみが昔の学区の様子を知り、学区のよさを再発見することにつながりました。

特に、勇太君の「ワンダーカード1」と「ワンダーカード8」の変容《へんよう》には大きな感動を得ました。最初は「コンクリートのきれいな道がいいです。田んぼなんか早くつぶしてほしいです」と書いた彼が、学習を振り返って、「ほっとする」「レンコン作りのくろうや努力がいっぱいあった」「レンコンほりでどろだらけになったときのことが楽しくてわすれられません」という感想を持つことができたことをうれしく思います。

当初のねらいに、「レンコン作りの苦労などを聞く場を通し、レンコン作りに励む人の気持ちを知り、共感や感動の思いをふくらませたい」と設定しましたが、見事にそのねらいと願いを達成《たっせい》できたのではないかとの感慨《かんがい》を持っています。

今も勇太君はハス田に通っています。2000年前の種子《しゅし》が発芽《はつが》した大賀《おおが》ハスの生命力の強さに驚き、新たな好奇心をふくらませているようです。

また、友だちと誘《さそ》い合って、「立田村のレンコンが見たい！」と申し出てきました。そこで、現在、立田村の栽培農家の見学を検討中です。

レンコン掘りでは、Sさんと一緒《いっしょ》に泥《どろ》の中に入り、自分の手で掘《ほ》る体験をすることで、レンコン作りの大変さを実感として受け止めることができました。

子どもたちは、Sさんのレンコン作りの苦労やハスへの思いにふれ、共感したり、自分の地域のハスという存在に誇りを持ったりすることができました。子どもたちとSさんがかかわり合う中で、Sさんからこんなお話がありました。

「ハスの花は、皆さん知っているように、汚《きたな》い泥の中から出てくる。しかし、不思議なことに、その泥が汚《きたな》ければ汚いほど、きれいな花が咲くのです」

この時、子どもたちはハスのもつ神秘性《しんぴせい》を強く感じたのではないでしょうか。教室という閉《と》じた空間《くうかん》では得ることができない学習の成果があったと思います。

地域の中から素材を探し出し、それを学習の中にどう取り込み子どもたちの心の琴線《きんせん》に触《ふ》れさせていくか——。今後も粘《ねば》り強く探っていきたいと思っています。

PROFILE

はせがわ・ゆういち／創価大学法学部卒業後、1980年（昭和55年）、岡崎市の教員に。特別活動（学級会活動、児童会活動、学校行事）の研究に打ち込み、赴任する学校のすべてで異年齢集団活動を導入。子どもたちからは「ハセちゃんマン」と呼ばれている。「一人が百歩前進するのではなく、百人が一歩前進」との信念で、これまでに受け持ったすべてのクラスで「前進」を級訓とした学級運営を推進してきた。また、バレーボール部を率いて、市大会優勝、県大会優勝、東海大会優勝、全国大会5回出場などの輝く実績も持つ。

生徒3人のクラスで挑戦した水産研究発表

――離島の夜間高校で勝ち得た全道一の大きな評価――

北海道・高校教諭　塩見浩二

〝オロロンの島〟として有名な天売島《てうりとう》は、周囲12キロ、人口490名ほどの小さな島です。

羽幌町《はぼろ》からフェリーで1時間40分。百万羽を超《こ》える海鳥《うみどり》が繁殖《はんしょく》し、人間と海鳥が共存《きょうぞん》する、世界でも貴重《きちょう》な島として知られています。

そんな豊かな自然に囲まれた、全校生徒14名の4年制の夜間定時制高校が天売高校です。大学時代に海鳥の研究をしていた私は、たっての希望が叶《かな》い、1995年（平成7年）、ここに赴任《ふにん》することになりました。

天売高校は普通科の高校ですが、地域柄、水産の授業を取り入れ、トドやウニの缶詰《かんづめ》、タコの燻製《くんせい》づくりなどの実習もあります。

「総合理科」や「生物」の授業では、世界の4割が天売島で繁殖しているといわれる「ウトウ」という海鳥を教材として、生徒たちと楽しく観察や調査をしました。

そうしたことから、天売高校では毎年3年生になると、水産高校や水産科のある高校で競《きそ》う「北海道高等学校水産クラブ研究発表大会」に参加しています。

◇　◇

1997年（平成9年）、私は3年生の担任になりました。

実は、私は赴任した当初《とうしょ》から、感じていたことがありました。それは〝生徒たちが自分を表現することがとても下手《へた》だ〟ということです。小さな島で、幼《おさな》いころから一緒《いっしょ》に育った仲間同士《どうし》。一人ひとりが改《あらた》まって、自分自身を人にわかってもらったり、自身を表現する必要や機会がないこともその要因《よういん》でしょう。

ですから、これまでにも出場する直前になって反発されたり、「イヤだ、出ない」と手こずったこともありました。そのため、2年生の時から、大会に参加する意義などについてクラス討議《とうぎ》を重《かさ》ねてきました。

クラスといっても生徒数は3人。地元の中学校から進学してきたA君。昼は土《ど》木《ぼく》工事の労働に従事《じゅうじ》し、疲《つか》れた身体《からだ》にむち打ち、学校に登校してきます。

おしゃべりが大好きで、いつも機関銃《きかんじゅう》のように話し続けるB子。人の話を聞かないことから生徒から嫌《きら》われ、いじめられ、それまでの高校を中退《ちゅうたい》し、天売《てうり》高校に編入《へんにゅう》してきた女子生徒です。そしてC子は中学時代に受けたいじめが原因で、人とのコミュニケーションがとても苦手《にがて》で、入学式直後《ちょくご》の自己紹介の時にもしゃべることができなくて、泣き出してしまうような生徒でした。

クラス担任をした当初、クラスはバラバラ。対話もなく、「あ～あ、学校がつまんねぇ」と教室を抜《ぬ》け出すA君。「先生しらけるからやめて」と語るB子。教室ではほとんどしゃべらず、たまに話しても「は～、くだらねぇ～。おめ～、バカじゃねぇの」という粗野《そや》な発言ばかりするC子。

〝生徒たちと何とか心をかよわせられないか〟と悩む中で、「水産クラブ研究発表大会」の活用を思い立ったのです。

研究テーマについて、生徒たちと何度も話し合った結果、『天売島におけるコウナゴ漁《りょう》の今後について』と決まりました。

コウナゴとは、天売島周辺でよく獲《と》れる体長《たいちょう》1～2センチの小さな魚で、干《ほ》して市場に出荷《しゅっか》します。最盛期《さいせいき》には億《おく》を超《こ》える漁獲高《ぎょかくだか》にもなる島の大切な漁業《ぎょぎょう》資源《しげん》ですが、近年、水揚《みずあ》げが激減《げきげん》。前年には漁獲ゼロという結果になっていました。私たちの研究はその原因を探《さぐ》ろうというものでした。

水温《すいおん》の変化や乱獲《らんかく》、また環境汚染《おせん》や海鳥《うみどり》の増加による捕食《ほしょく》などの要因が想定されました。普段の授業などとは違い、実際に原因が不明でしたから、生徒たちも“犯人《はんにん》捜《さが》し”のように興味を持ったようです。自分たちでどんどん調査を広げ、漁業協同組合に足を運び、過去の漁獲量を調べたり、水産試験場からコウナゴの文献《ぶんけん》や水温調査データをもらい、地元の漁師《りょうし》の声を取材しました。

また、その年に福井県沖《おき》で起きたナホトカ号の重油《じゅうゆ》流出《りゅうしゅつ》事故に関連して、ウトウの数を調べることになり、そのデータも役立ちました。そうした調査を続ける中で、コウナゴの産卵《さんらん》時の水温が、卵の孵化《ふか》に大きな影響を及ぼし、その水温がここ数年低いことがわかったのです。卵が孵化しても、水温が低いため、多くが死んでしまい、それが原因でコウナゴの数が激減していたのです。

この調査結果や今後への提言《ていげん》を、2台のOHPとスライド、そしてビデオを使い発表することになりました。さらに、内容をわかりやすくするために、質問者と回答者という形で発表を進めることにしました。

役割はみんなで相談し、3人の個性を生かして決めました。声が大きくおしゃべり好きのB子は、質問者《しつもんしゃ》。回答者《かいとうしゃ》にはしっかり者のA君。そして、内向的なC子は、4台の機材《きざい》の担当。

研究発表大会は12月初旬。厚岸町《あつけしちょう》での開催でした。冬の海を渡っての移動ですから、時間的余裕《よゆう》を見て、3日前に天売島《てうりとう》を出て、汽車で会場の厚岸に向かう予定を立てました。

◇　◇

ところが、出発の日、予想もしなかった嵐《あらし》が来たのです。海は荒《あ》れ、フェリーは欠航《けっこう》。翌日も海の荒れが収《おさ》まらず、船は出ることができません。しかも嵐はまだやみそうにありません。列車もホテルもキャンセル。一年かかって準備してきた努力が水の泡《あわ》です。生徒の落胆《らくたん》した顔を見ると、悔《くや》しさがこみ上げてきました。

しかし〝少しでも可能性があるならば〟と、教頭先生にお願いし〝もし明日船が出れば、車で向かいたい〟と頼《たの》み込《こ》み、急きょ、町の教育委員会の手配《てはい》で運転手付の車をチャーターしてもらうことにしました。あとは天候次第です。

翌朝、それまでのシケがウソのように、天候が回復し、私たち4人は大会が始まる1時間ほど前に、ようやく会場に到着《とうちゃく》。なんとか滑《すべ》り込みで間に合いましたが、生徒たちはほとんど寝《ね》ていません。主催者《しゅさいしゃ》に無理を言って30分前に行《おこな》ったリハーサルは悲惨《ひさん》なものでした。私は励《はげ》ましの言葉も見あたらず「参加することに意義があるんだ」と声をかけるのが精一杯《せいいっぱい》でした。

いよいよ、本番——。発表順は10番目。参加した6校13学科は、水産高校か水産科がある高校ばかり。普通科での参加は天売高校だけです。しかも水産高校などは、校内の予選などを勝ち抜《ぬ》いての出場です。加えて、学校で船を持っていたり、調査する機械や設備《せつび》も本格的なものばかり。中にはコンピューターを駆使《くし》しての研究発表すらありました。

それに対し、天売《てうり》高校の3人は、昼間は汗にまみれて仕事をし、夜は学校の授業。発表のための研究は、少ない時間をひねり出すようにして積み上げてきたものです。「参加することに意義がある」との私の思いは実感《じつかん》でもありました。

そうした中、リハーサルとは打って変わり、生徒たちは物怖《ものお》じすることなく、堂々と発表してくれたのです。発表を終えた生徒たちに「どうだった」と尋《たず》ねると、「気づいたら発表は終わっていたよ。何も覚《おぼ》えていない」と——。

そして、結果発表です。はじめに努力賞2校が、そして2位の「優良賞《ゆうりょうしょう》」が紹介されました。あとは1位の「優秀賞《ゆうしゅうしょう》」を残すのみです。

「優秀賞　発表番号10番　天売高校」とのアナウンスが流れました！　見事、全道一《ぜんどういち》に輝いたのです。

審査《しんさ》委員長からは「優秀賞に輝いた天売高校のコウナゴ資源の発表はコウナゴの漁獲量《ぎょかくりょう》が減少していった経緯《けいい》、原因、そしてその対策と大変よくまとまった発

感動の一瞬。３人で挑戦し、それぞれのよさを生かしながら勝ち得た全道一の快挙。記念の優勝旗は、まさに青春の輝き――

表であり、高い評価が得られ、多くの審査員の方が優秀賞に推《お》していた」と高い講評《こうひょう》を得ました。

生徒たちは信じられないことが起こったような様子で、あ然としていました。私は、すぐに学校に連絡の電話を入れました。「研究発表大会が無事終了しました。天売高校が優勝しました！」

ところが、返ってきた返事は、「エー？　ウソでしょう」「冗談《じょうだん》言わないでください」――何度かのやりとりでやっと信じてくれ、電話の向こうでも歓声《かんせい》がわきました。もちろん、学校始まって以来の快挙《かいきょ》でした。

翌日、優勝旗《ゆうしょうき》を抱《かか》えて、船で天売島《てうりとう》に帰島《きとう》。港では「全道優勝おめでとう」という横断幕《おうだんまく》が迎えてくれました。その後、羽幌《はぼろ》町の優良青少年として、留萌《るもい》教育局の教育実践表彰を受賞することもできました。

さらに普通科のために全国大会に出場できなかったことが縁《えん》となり、読売新聞全国版で1ページを使い、2回にわたってクラスの取り組みが紹介されたほか、九州大学の沿岸海洋学《えんがんかいようがく》教授から「人間と自然が調和していく道を探る突破口《とっぱこう》を開くもの」と、研究内容が賞讃《しょうさん》されました。

この体験が〝やればできる〟という自信になったことは言うまでもありません。生徒たちはすっかり成長しました。A君は生徒会長としてがんばり、大学受験を決意。4年間、土木作業員として働いて貯《た》めたお金で親に負担をかけずに、札幌の私立大学に進学。B子も生徒会副会長として活躍し、福祉関係の専門学校へ進学。C子はボランティア委員長や交通安全会会長などを務め、「定時制・通信制高校生活体験発表大会」にも出場し、専門学校への進学を果たすなど、それぞれの進路へ巣立《すだ》っていきました。

◇ ◇

卒業式の日。A君が答辞《とうじ》で堂々と語った言葉が忘れられません。

「先輩として伝えておきたいことがあります。それはこの高校で学んだことを誇《ほこ》りに思ってほしいということです」

あの時の感動は今も私を奮《ふる》い立たせてくれています。

池田名誉会長は『教育提言』の中で、「自らの行動が社会で役立っていると実感する経験は、子どもたちの自信となり、心の成長の確《たし》かな礎《いしずえ》となっていく」と言われています。3人の生徒と共に取り組んできた研究発表大会は、私自身にとって、この言葉を実感するものでした。

もともと学者を志《こころざ》していた私ですが、早いもので、教員となって14年の歳月《さいげつ》が過ぎました。教育現場は自分自身を最大に成長させてくれる場であると確信しています。これからも生徒一人ひとりの幸福と成長を真剣に祈りながら、教師としての心のアンテナを懸命《けんめい》に磨き、人間教育を実践していくことを決意しています。

PROFILE

しおみ・こうじ／兵庫県川西市出身。北海道大学大学院水産学研究科博士課程修了。水産学博士。離島で海鳥の生態を生徒とともに研究してきた。現在は函館市内の高校に勤務。「繁殖期だけ陸で過ごし、あとの大半を地球の70％を占める広大な海で過ごす海鳥の知られざる暮らしと、海中を飛ぶように泳ぐ海鳥の精巧な身体の謎を生徒たちとともに学び、このような生物が生息している地球環境を守ることの大切さや人間との共生の重要性を生徒たちに伝えたい」と語る。２００３年（平成15年）には、これまでの環境教育の成果が認められ、㈶北海道科学文化協会から「科学教育貢献者賞」を受賞。

日中友好の環境教育をめざして

千葉・小学校教諭　藤崎貞廣

私が、環境教育に取り組むきっかけとなったのは、1991年（平成3年）4月の定期異動《いどう》で赴任《ふにん》した市立真砂《まさご》第五小学校から始まります。

ここでは、「焼却炉《しょうきゃくろ》で燃やしていた紙ごみをもう一度使おう」という教務主任の先生からの提案で、使用済み紙入れの専用のトレイが各教室に置かれていました。

当時、このようなことはほとんど支持されず、むしろいやがられる存在でした。しかし、私は「これはすばらしいことだ」と賛成し、子どもたちが絵を描いたり、工作に使ったりする時などに再利用しました。

それからしばらくして、我が校が千葉市では初の環境教育研究指定校になりました。研究指定校に選ばれたものの、どのようにしたらよいかわからず、まず学ぶことから始めました。そして、千葉県エコマインド養成講座で、環境教育について一から学ぶことになりました。環境教育概論《がいろん》、ネイチャーゲーム、参加者の学校での環境教育の取り組みなど、夏休みに2泊3日の研修を受けるうち、不安で暗かった私の心の闇《やみ》に一条《いちじょう》の光が見えてきたように希望がわいてきました。

研修会終了後、私はさっそく勤務先の小学校でネイチャーゲーム「私の木」や「カムフラージュ」等の実践に取り組みました。すると、子どもたちは楽しそうに自然と向き合うことができたのです。

また、研修会でお世話になった講師にも学校に来ていただき、子どもたちの社会性を育《はぐく》むための協力ゲームも取り入れました。

◇　◇

養成講座終了後も、参加者の間で、「今後も連絡を取り合って環境教育について学び続けたい」という仲間がいました。そこで、我が校の教務主任の先生を中心として、数人がたびたび喫茶店などで研究会の構想を練《ね》り、ついに１９９５年（平成7年）7月に「千葉県環境教育研究会」が発足《ほっそく》しました。

私も発足時の第１回総会からのメンバーになりました。そして、研修部に所属し、毎月の定例会をどこでどのように行《おこな》うかなど、中心となって企画立案《きかくりつあん》をしました。そして、会員の所属する学校や環境関連の施設《しせつ》、研究所、また野外において、自然観察や調査といったさまざまな研修をおこないました。

企画・運営は大変でしたが、とても楽しく充実した日々でした。やがて、研修で学んだことが少しずつ学校での研究に役立ってきました。また、内地留学先の神奈川県の先進校で3週間研究することができ、だんだんと自信が持てるようになってきました。そして、研究指定校の研究発表会も一応の成果を収めることができました。

◇　◇

5年後、千城台旭小学校《ちじろだい》へと転勤になりました。千葉県環境教育研究会の機関紙の発行の準備や定例会の運営をしていたころ、代表から、「中国の環境教育研修会に行ってくれないか」との打診《だしん》があり、私は中国行きを決意しました。その理由は、33歳で亡《な》くなった私の実姉が戦前、中国東北部（満州）にいたことがあり、機会があれば中国に恩返しがしたいと思っていたからです。

北京市環境保護局と日中環境教育協力会の共催による研修会は、２０００年

（平成12年）8月25日からの3日間、北京《ペきん》市懐柔県第一重点中学校でおこなわれることになりました。対象は小・中・高校の約30名の教師と学生20名です。

東京で代表を中心に打ち合わせをし、研修会の内容や準備、だれがどの講座を担当するかなど具体的な話になってくると、責任の重大さが身にしみて感じられました。研修の主な相手は、子どもたちではなく教師だからです。

私は、中国という外国の教師相手に講師として話をするのは初めてであり、北京市を訪れるのも初めてでした。

ともあれ、さまざまな研修準備と渡航《とこう》の手続きを済ませ、いざ出発という日の数日前、代表が仕事のために行けなくなり、中学校の先生と私の二人で研修を担当することになりました。相当狼狽《ろうばい》しましたが、二人でやるしかないと腹を決め、中国に向けて出発しました。

◇　◇

ホテルで3日間の通訳をしてくださる弁護士の馬長春さんと打ち合わせをし、

翌日、会場の北京《ぺきん》市懐柔県第一重点中学校に到着しました。学校では、校長・副校長・教務主任を始め、関係者が盛大に迎《むか》えてくださいました。いよいよ3日間の研修です。

1日目のあいさつでは「日本のお兄さんにあたる貴国《きこく》から私たち日本人は、漢字を教えていただいたおかげで、学問を学ぶことができました。また、仏教を伝えていただいたおかげで、人間としての道を学ぶことができました。とても感謝しています」と、自分の思いを率直《そっちょく》に話しました。

3日間のカリキュラムは、次の通りです。

1日目…日本（千葉県）における環境教育の現状と3日間の研修内容、私の環境度、音の環境教育、大気の環境教育。2日目…川のシミュレーション、学校や家庭のごみ問題、ネイチャーゲーム。3日目…2日間の体験の振り返りと分かち合い、私の環境度（1日目と対比する）、学校における環境教育のカリキュラム作り。

研修は無事に終わり、大きな成果を収めることができました。そして、会場校の先生方や北京市懐柔県環境保護局の職員の方々、通訳をしてくださった馬さんには大変お世話になり、中国の方々の友好の心を十分に感じることができました。馬さんは、かつての満州生まれで、名前もその土地の名前をいただいたと話されました。私は、かつての日本人が犯《おか》した罪《つみ》を詫びました。しかし、馬さんは「私たちは、過去は過去として、今は友好の心で日本の人と仲良くしていかなければならないことを教えられました」と話されました。その言葉に私は心を打たれ、中国の方々の心の深さをしみじみと感じました。その時、私は自分にできる恩返しをしていかなければならないと強く思いました。

この研修会の１年後、群馬県の「赤城《あかぎ》青年の家」で、民間団体が主催した日本・中国・韓国の３カ国による東アジア環境教育ワークショップが行《おこな》われ、私は仲間と共に参加し、前年、北京で会った先生に再会することができました。

◇　　◇

中国の先生方と環境教育について語り合う研修会。この身近な心と心の交流が、共生の世紀への大きな第一歩となった

そして、２００２年（平成14年）の夏には中国での研修会に再び講師として参加する機会に恵まれました。

この時は北京市を経由《けいゆ》し、シルクロードの起点である西安市の陝西師範大学で8月14日から3日間、小・中学校の教員約30名を対象に開催されました。

ちょうどこの8月には、南アフリカ・ヨハネスブルクで開催された「持《じ》続《ぞく》可能な開発に関する世界首脳会議（環境サミット）」に寄せて、池田ＳＧＩ会長が「地球革命への挑戦―持続可能な未来のための教育」と題する提言を発表されたこともあり、感慨《かんがい》を深くしたことを今でも覚えています。

西安市での研修も充実したものでした。

１日目…野外自然環境教育アクティビティ体験、室内環境教育（川のシミュレーション）、夕食後自由懇談会。２日目…室内環境教育（ごみ問題）、環境教育のカリキュラム作り。３日目…環境教育のカリキュラム作りと発表会、千葉県環境教育研究会の組織作りを通して、参加体験型環境教育の普及体制作りなどについての意見交換。

研修では、川の源流《げんりゅう》のきれいな水が生活排水《はいすい》や工業排水によってだんだん汚染《おせん》されていく様子を、水槽《すいそう》に入れた水が汚染されていくシミュレーションを通して中国の先生方に体験してもらいました。

「普段、私たちが飲んでいる水がこのように汚染されたら、西安市には他に水がないのでとても困る。水を汚染しないように守っていかなければならない」という感想が寄せられました。

また、夜の自由懇談会では、次のようなやりとりがありました。

「どんな環境教育をしましたか」

「中国では、1単位《たんい》時間、2～3単位時間、5～6単位時間など、学校の状況に応じて実施してきました。あまり長い時間は取り組めません。自然に関するもの、ゴミ問題、リサイクルに関するもの等に取り組んできました」

「日本では、総合《そうごう》的な学習で30～40単位時間ぐらい環境教育に取り組むことができます」

「それはすごい。うらやましいです」

「教師間のどんなネットワークを作りましたか」

「昨年、西安市でおこなわれた環境教育研修会の後、研修を一緒《いっしょ》にした仲間ではまだネットワークはできていません。今後、考えていかなければなりません」

さらに、環境教育のカリキュラム作りでは、ネイチャーゲーム等の自然体験、シミュレーションなどの実験、水や空気の現地調査等、白熱《はくねつ》した話し合いと発表に向けた作業がグループごとにおこなわれました。

そして、次の日も朝から作業に取りかかり、やっとでき上がったカリキュラムを全体会で熱く語り、他のグループの質問に答えるという発表会が2日間にわたっておこなわれました。

このように、西安市の小学校の先生方はとても熱心で、真剣に研修会のアクティビティに取り組んでおられました。また、大学の構内ということもあり、研修会とは関係のない大学生も関心を寄せ、ネイチャーゲームに参加させてほしいとの申し出もありました。さらに、和《なご》やかな自由懇談会を通して、中国の先生方と率直《そっちょく》な意見交換ができ、今後の環境教育や研修会に大きな示唆《しさ》を得ることができました。

◇　◇

ちょうど池田SGI会長が200番目の名誉学術称号を受章をされた北京《ペきん》師範《しはん》大学の返礼《へんれい》のスピーチでは、中国の環境問題について触《ふ》れられました。

私と共に環境教育の研修会に参加した中国の先生方は、学校における環境教育の重要性と法律による規制の必要性を熱く語っていました。

今、地球の温暖化《おんだんか》が止まらず、二酸化炭素の排出《はいしゅつ》と異常気象《いじょうきしょう》との関連が報道されるなど、私たち人間が自らの快適な生活を見直さなければならない時に直面《ちょくめん》しています。

私も環境教育に携《たずさ》わる一人として、これからも東アジアの教師と手を携え、子どもたちに環境を守り自然を愛する心を育《はぐく》む教育を続けていくと共に、中国や韓国の教師と直接、話し合える語学力を磨いていきたいと思います。

PROFILE

ふじさき・さだひろ／鹿児島県出身。青山学院大学卒業後、小学校教諭に。教員歴31年。1997年（平成9年）と2001年（同13年）には、「みんなでつくる環境教育」（共著）を出版。現在、千葉市内の小学校に勤務し、「粘り強く・誠実に」がモットーに、教育現場で環境意識の啓発に尽力。外国人との交流に備えて中国・韓国・アラビア・スペイン・イタリア・ロシア・ドイツ・フランス語を独学で勉強中。

共生の世紀へ
環境教育への挑戦

二〇〇七年八月十二日　初版発行
二〇〇七年八月十四日　二刷発行

創価学会教育本部

発行者　榎本尚紀
発行所　株式会社　鳳書院
〒一〇一―〇〇六一
東京都千代田区三崎町二―八―一二
電話〇三―三二六四―三一六八（代表）

印　刷　東陽企画印刷株式会社
製　本　株式会社星共社

定価はカバーに表示してあります。

SOKAGAKKAI KYOUIKUHONBU 2007
Printed in Japan

ISBN978-4-87122-145-0

乱丁・落丁本はお取り替えいたします。
小社営業部宛お送り下さい。送料は当社で負担いたします。